陕西干部学习培训教材

创新驱动与经济高质量发展

中共陕西省委组织部组织编写

西北大学出版社
·西安·

序 言

善于学习，就是善于进步。没有大学习，就难有大发展。当前，世界正经历百年未有之大变局，我国正处于实现中华民族伟大复兴的关键时期，我们面临的发展机遇和风险挑战前所未有。党的十九届五中全会确立了"十四五"经济社会发展主要目标和2035年远景目标，全面建设社会主义现代化国家新征程即将开启。省委十三届八次全会强调，要贯通落实"五项要求"、"五个扎实"，把握新发展阶段、贯彻新发展理念、构建新发展格局，推动高质量发展、创造高品质生活、实现高效能治理，奋力谱写陕西新时代追赶超越新篇章。应对重大挑战，抵御重大风险，推动经济社会高质量发展，把宏伟蓝图变为美好现实，要求各级干部必须更加崇尚学习，持续深化学习，大幅提升"八种本领"、"七种能力"，紧紧跟上时代前进步伐，更好适应事业发展需要。

这批培训教材深入贯彻习近平新时代中国特色社会主义思想和习近平总书记来陕考察重要讲话精神，紧扣高质量发展主题，坚持理论与实践相结合，突出指导性、针对性、操作性，对提高干部的专业能力具有较强的帮助促进作用。全省各级各类干部教育培训要注重用好这批教材，帮助广大党员干部更好提高知识化、专业化水平，增强履职尽责本领，在加快新时代追赶超越、推动高质量发展征程中作出更大贡献、书写精彩华章。

2021 年 1 月 7 日

目 录

第一章　创新水平决定综合国力

3　哪里创新繁荣，哪里就是中心
8　养活十亿张嘴的"杂交水稻"
12　小米手机的印度之路

第二章　创新是最主要的生产要素

19　单位GDP能耗：考虑子孙后代必须计算的成本
24　新加坡的城市规划
29　中日比较：钢铁是怎样炼成的

第三章　人才是创新的第一要义

35　深圳积极推动人才政策创新突破和细化落实
39　破除"五唯"的案例
43　陕西省在国家科学技术奖励上表现出色

第四章　创新关键在于原始性突破

49　换来五十年和平的"争气弹"
55　嫦娥四号代表人类首登月背

58 | 5G 的全球竞争

第五章　企业是创新的主体

65 | 阿里巴巴集团的传奇
68 | 不同凡响的"苹果"
72 | 中国手机的"蓝绿大厂"：vivo 和 OPPO

第六章　创新首在应用

77 | 商业银行智能化转型：中国工商银行的智慧银行
80 | 用技术解决社会问题：百度责任创新计划
84 | 中国（陕西）自由贸易试验区的 165 项创新应用

第七章　创新的"四个面向"

91 | 中国科学院"率先行动"计划
95 | 京东方的世界屏：供给侧改革的成功案例
99 | 中国超级计算机产业的崛起

第八章　正确处理好创新与就业协调发展

105 | 贵州大数据电子信息产业带动区域经济发展
109 | 中国创新创业大赛：科技创新，成就大业
113 | 新兴消费经济：疫情期间农产品的直播销售

第九章　创新要发挥举国体制优势

119 | 港珠澳大桥：干一件事追求多重效果

| 123 | 创新让中国高铁领跑世界
| 126 | 疫情期间的群防群治

第十章　协同创新贵在强强联合

| 133 | "文泰来"联盟
| 137 | 丰田汽车城
| 141 | 设立科创板，打好创新牌

第十一章　注重发挥教育的创新作用

| 147 | "双一流"高校建设
| 152 | "硅谷"与斯坦福
| 157 | 中国西部科技创新港：中国高校首个"智慧学镇5G校园"

第十二章　构建现代科技创新治理体系

| 163 | 粤港澳大湾区国际科技创新中心
| 167 | 开创知识产权保护新局面，打通"快保护"的关键环节
| 171 | "一带一路"倡议与构建人类命运共同体

| 175 | 参考文献

第一章　创新水平决定综合国力

　　进入 21 世纪以来,全球科技创新进入空前密集活跃的时期,新一轮科技革命和产业变革正在重构全球创新版图、重塑全球经济结构。以人工智能、量子信息、移动通信、物联网、区块链为代表的新一代信息技术加速突破应用,以合成生物学、基因编辑、脑科学、再生医学等为代表的生命科学领域孕育新的变革,融合机器人、数字化、新材料的先进制造技术正在加速推进制造业向智能化、服务化、绿色化转型,以清洁高效可持续为目标的能源技术加速发展将引发全球能源变革,空间和海洋技术正在拓展人类生存发展新疆域。总之,信息、生命、制造、能源、空间、海洋等的原创突破为前沿技术、颠覆性技术提供了更多创新源泉,学科之间、科学和技术之间、技术之间、自然科学和人文社会科学之间日益呈现交叉融合趋势,科学技术从来没有像今天这样深刻影响着国家前途命运,从来没有像今天这样深刻影响着人民生活福祉。

——习近平总书记在中国科学院第十九次院士大会、中国工程院第十四次院士大会上的讲话（2018 年 5 月）

哪里创新繁荣，哪里就是中心

一、背　景

经济学上的创新概念源于熊彼特的《经济发展理论》，他在书中提出"创新理论"，该理论表明新产品、新技术、新市场、新资源、新组织是促成创新的五大关键因素。他强调，"创新"是资本主义经济增长和发展的动力，没有"创新"就没有资本主义的发展。从人类文明发展史来看，我们经历了从无到有、从有到优的过程，人类先贤创造了许多推动世界进步的新事物，这都源于创新。

科学技术是人类文明进步的根本动力，世界经济中心往往也跟随着科技中心转移。四大发明、文艺复兴运动、第一次工业革命、第三次技术革命等一次次科学技术上的创新，成为推动世界经济中心不断转移的强大动力。如今，中国在国际化浪潮的推动下，通过引进、消化、吸收、再创新，实现了创新追赶，正在向创新型经济转型。历史不断表明，哪里创新繁荣，哪里就能成为世界的中心。

二、做　法

人类历史上第一次重大的科技革命源于农业。中国人的祖先发现在水稻快成熟时把水倒掉，会促使水稻长出更多的种子——稻谷。中国人"发明"的这种新种植技术让水稻实现了高产。除了水稻，珠江流域的中国人又发明了耐高温陶器，堪称当时的高科技产品。农业的繁荣带来了稳定的居住环境，也为文明之火创造了长期积累的条件，进一步帮助人们学会计数和文字，让知识和经验能够普及和传承，让技术实现叠加式进步。中国人还最早掌握了冶金技术，冶金技术是早期文明程度的标尺。

中国在农业技术方面的长期积累使其成为世界文明中心。领先的农业技术提高了粮食产量，为人口繁衍奠定了坚实的基础。在工业革命前，文明发展的最重要因素就是人口基数。灌溉等重要的农业技术的应用使华夏大地的物产产量进一步增加，满足了人口增长的需要。战国时期修建的郑国渠和都江堰大大提高了灌溉范围，对华夏文明的繁衍生息产生了巨大的推动作用。在种植技术方面，中国人对世界农业的最大贡献在于发明了垄耕种植法，领先欧洲2000多年。在工业革命以前，中国纺织业长期处于世界领先地位，纺织品一直是中国的外贸出口产品。中国人不仅发明了养蚕和丝绸纺织技术，而且是最早发明并使用脚踏纺织机的国家。直到今天，中国的制衣行业在全球依然有很强的竞争力。

然而，伴随着工业革命的到来，世界经济中心逐渐转移到欧洲。18世纪60年代在英国发起的技术革命，是技术发展史上一次具有巨大革命意义的变革，它开创了机器代替手工的时代，被称为第一次工业革命。第一次工业革命不仅提高了制造效率，也改变了产业结构和世界格局。伴随工业机械在加工制造和交通行业的应用，第一次工业革命的力量向全世界延伸，极大地改变了世界局势。不仅如此，工业革命也改变了社会结构，最终资产阶级在世界上确立了统治地位，率先完成了工业革命的英国，很快成为世界霸主。

随着第二次工业革命的到来,世界经济结构再次发生巨变。第二次工业革命发生在19世纪中期,将人类带入"电气时代"。此次工业革命,使资本主义各国在经济、文化、政治、军事等各个领域的发展出现不平衡,帝国主义为争夺世界霸权,开始疯狂地争夺原料产地和商品市场,导致了世界殖民体系的形成,使得资本主义世界体系最终确立,世界逐渐成为一个密不可分的整体。

在"蒸汽时代"和"电气时代"之后,随之而来的是第三次科技革命,这是在科学技术领域里取得的又一次重大突破,在人类文明史上产生了巨大的影响。这次科技革命,主要以原子能、电子计算机、空间技术以及生物工程的发明和使用作为重要标志,涉及信息技术、新能源技术、新材料、生物、空间和海洋技术等诸多高新领域。第三次科技革命急剧扩大了资本主义国家原本发展的不平衡,使资本主义各国的世界地位产生变动;使社会主义国家与西方资本主义国家的差距越来越大,迫使全球范围内的社会生产关系发生改变。

❖ 新基建助力中国引领第四次工业革命

如今，第四次工业革命已经到来。第四次工业革命以石墨烯、基因技术、虚拟现实、量子信息技术、可控核聚变、清洁能源以及生物技术为技术突破口，以数字化和智能化为重要趋势。在新技术革命的推动下，中国大力投入新兴技术、人工智能、大数据等。数字化技术等产业正逐渐实现从跟随向引领的转变。从人工智能到区块链，再到新能源汽车，中国的智能制造整体新兴技术与国际差异在不断缩小，在众多领域开始走在世界第一梯队。

三、启　示

创造绝对剩余价值的阶段是资本主义发展的第一阶段，现在人口红利消失，环境污染严重，这种发展方式肯定不可持续，必须要进入第二个阶段，也就是创造相对剩余价值的阶段。其实这个过程就是我们提出的创新引领发展，实现产业从低端制造业向高端制造业的转型升级。这个升级的过程并不容易，因为西方国家不会轻易地把高端技术转让给中国。这一点从中兴的芯片事件，以及华为和联想发展路径的对比中，可以清楚地看到。虽然前一阶段我们用了市场换技术的策略，但是核心技术是换不来、也买不来的。我们必须要提高自主研发能力、科技创新能力，只有这样，才能在新一轮的科技革命中立于不败之地。

点 评

案例梳理了经济中心随着科技中心转移的历史,充分展示出科技对长期经济增长的促进作用,充分揭示了诺贝尔经济学奖得主索洛的深刻见解:科技,而不是劳动力和资本,才是长期经济增长的根本动力。

思考题

1. 人类历史上的创新都是什么原因驱动的?创新是否具有失败风险?什么样的创新才算是成功的创新?

2. 在创新过程中,单点创新与系统集成创新的关系是什么?创新是否意味着完全抛弃旧的对象?

养活十亿张嘴的"杂交水稻"

一、背 景

创新已经成为各个行业站立在世界舞台上的基石。农业作为基础行业,其科技发展直接影响着社会的长期稳定。我国农业科技的发展为解决中国乃至世界人民吃饭的问题奠定了坚实的基础。正是由于袁隆平等农业科学家持续不断的科学研究,让中国人民很早就摆脱了饥饿的威胁,并使中国的农业技术走向世界,成为中国影响世界的重要力量。

二、做 法

袁隆平,1930年9月出生,江西德安人,中国工程院院士,首届国家最高科学技术奖获得者,中国杂交水稻育种专家,中国研究与发展杂交水稻的开创者和带头人,致力于杂交水稻技术的研究、应用及推广。他不仅解决了中国人民粮食短缺问题,更为全世界粮食供给提供了重要保障,他属于中国,更属于世界,被誉为"世界杂交水稻之父"。

20世纪60年代初,中国的农业遭受了严重的自然灾害。袁隆平也亲身经历过那段困难时期,"艰难时世铸英雄",饿殍遍野的现象激起了他心中那一份爱国情怀，毕业于西南农学院（现西南大学）的他决心全身心投身于水稻研究，希望能用自身所学改变这一困境。1960年，袁隆平在学校的试验田里意外发现了一株特殊性状的水稻，随后开始尝试杂交品种。1964年，袁隆平开始主攻杂交水稻研究。1966年，成功培育出奇迹稻。1973年，成功选育出世界上第一个实用高产杂交水稻品种"南优2号"。1975年，成功研制杂交水稻制种技术。1976年起，杂交水稻开始在全国范围内大面积推广种植。这项科研成果让袁隆平及其团队成功突破了水稻杂交产量低的制种难关，他们用农业科学为国人带来了金色的希望果实。1978年，中国开始实行改革开放政策，也是从这一年开始，中国农业发生了翻天覆地的变化，取得了历史性进步。

水稻科研在路上，追梦脚步不停歇。20世纪80年代，袁隆平又提出"两系法亚种间杂种优势利用"的发展概念，经过9年的努力，这一中国首创技术再次成功，并被推广种植。目前，10%的水稻都使用"两系法"技术，效果良好。20世纪90年代，袁隆平带领团队开始了"中国超级杂交水稻"这一世界级难题的研究，在众多农业科技工作者的共同努力下，实现技术攻关，从2000年实现第一期大面积示范亩产700公斤的指标，到800公斤、900公斤，2014年10月实现了平均亩产1 026.7公斤的新纪录，提前五年实现亩产上千公斤的目标。随后，袁隆平再次提出新的目标：大面积示范每公顷达16~17吨。2018年，云南省个旧市的超级杂交稻示范基地平均单产超过每公顷17吨（1133公斤每亩），达到1152.3公斤每亩，创造了新的大面积种植水稻产量世界新纪录。

除了培育"超级杂交稻"，袁隆平还有一个心愿，就是让杂交稻走向世界。1979年，袁隆平应邀出席菲律宾国际科研会议做学术报告，在会上宣读他用英文写的《中国杂交水稻育种》一文，杂交水稻也从此开始走出国门，走向世界。此后，袁隆平被联合国粮农组织聘为首席顾问，希望他和他的团队能够帮助世界上其他国家发展杂交水稻。

在政府的支持下，中国杂交水稻技术开始向全世界范围推广，也得到了越来越多的国家的肯定，并且在东南亚、南亚、南美、非洲等多个国家的试种示范都取得了极大的成功。

袁隆平几乎一生都在为杂交水稻的研究而付出，获得过许多荣誉，得到了世界范围内的赞赏和认可。杂交水稻不仅能够在国内生根发芽，还能够在全球气候允许的范围内开花结果，可以说，这是中国的骄傲，也是世界的福音。

三、启 示

袁隆平成功的"秘诀"是什么？答案是"知识、汗水、灵感、机遇"这八个字。第一，知识就是力量，是创新的基础，创新不但要打好基础，还要开阔视野，掌握最新发展动态。第二，汗水指的是能吃苦，任何一个科研成果都来自深入细致的实干和苦干。第三，要有灵感，灵感就是思想火花，是知识、经验、思索和追求综合的产物，创新就要做"有心人"，随时注意捕捉思想的火花。第四，要抓住机遇，偶然或许是灵感和机遇，要学会用哲学的思维看问题，透过偶然性的表面现象，找出隐藏在其背后的必然性。只有坚持做到这几点，才能突破障碍，实现创新梦想。

第一章　创新水平决定综合国力

点　评

不论是农业还是工业，科技总是能够让一个国家摘得科技桂冠，占领经济制高点。科技只有与最基本的需求结合，才能够获得持续不断进步的动力。执着于人们对美好生活的向往，扎根基本需要，持续不断的创新才能够真正实现科技转型。

思考题

1. 农业创新的基本要素和出发点是什么？农业创新与工业创新的差异在哪里？
2. 如何培养出更多的像袁隆平这样的科学家？
3. 如何做可以让科学家坚守科研道路？

创新驱动与经济高质量发展

小米手机的印度之路

一、背　景

近年来，中国手机发展迅速，从"贴牌"到"品牌"，再到中国品牌"走出去"，如今，中国手机不仅已成为大多数中国人的"数字器官"，也成为越来越多国外消费者的新选择，特别是在印度已经获得了七成的市场份额，广受印度消费者欢迎。小米手机表现出众，2014 年，小米公司成为全球第三大智能手机制造商，同年成立小米印度公司，打入印度市场，仅仅用了 3 年多时间，在印度的出货量就位居第一。

市场调研机构 Canalys 于 2020 年初发布了印度手机市场报告，报告显示，小米以 4290 万台的出货量稳居第一，同比增长 5%。印度智能手机全年出货量持续增长，达到 1.48 亿部，其中小米的市场占有率达到 29%，连续 10 个季度雄踞印度手机市场榜首。

二、做　法

印度手机巨头是如何败给小米的？

1. 基于生态系统的战略投资布局

小米不仅仅致力于手机生产，更是一家互联网电商销售平台。

正是由于小米公司的性质，所以它更懂得如何进行风险投资为自己打造坚实的堡垒。几年来，小米联合顺为资本已经在印度投资了互联网金融（Krazybee）、游戏（Mechmocha）、娱乐（Hungama, Pratilipi, RozBuzz, Clip, ShareChat）、二手车（Truebil）、二手手机回收及维修（Cashify）等多个关联领域的项目。"若网在纲，有条而不紊"，小米正在量身打造专属于自己投资战略布局的生态系统。

在印度，与小米有商业合作的公司也起到了至关重要的作用。例如，Hungama 作为印度最大的影音版权方之一，其内容直接接入小米音乐；Krazybee 作为印度最大的校园贷和新兴的白领贷，也是小米手机分期销售的重要合作伙伴；Cashify 作为印度最大的二手手机回收和维修公司，也与小米有业务上的合作关系。还有其他线上的项目，通过在 MIUI 的系统里深度植入这种更直观和更隐蔽地触及用户的方式，使小米以 2 000 万的日活流量与合作公司实现了互惠共赢。

此外，小米还投入大量资金帮助印度初创企业成长，同时也便于自身生态系统的发展并复制其在中国获得成功的合作伙伴/关系模型，达到合作双赢的成效。

2. 互联网营销模式的成功应用

随着电商和网购的出现，传统的线下销售模式受到冲击，世界各地也都顺应了互联网发展的大趋势。人口众多的印度也不例外，其网民数量已达到 4.62 亿左右，庞大的互联网用户基数与人口红利也意味着印度拥有充满潜力的市场。2018 年，小米向港交所提交招股书的同时，小米科技创始人雷军发表公开信，信中称道："小米不是单纯的硬件公司，而是创新驱动的互联网公司"，这无疑与印度成熟的互联网生态完美契合，是推动小米与国内其他品牌手机差异化并迅速反超的重要一环。

小米在通过了解当地居民收入水平和消费习惯后，一方面以超高的性价比优势开辟市场，另一方面优化线上和线下双线路销售模式，这让小米手机的价格优势更上一层楼。在2014年刚进入印度市场时，小米手机就凭借互联网销售模式博人眼球，取得了显著成绩。

3. 小米的印度本土化

一般来说，跨国企业的经营或多或少会"水土不服"，每个国家的文化、风土人情都大相径庭，印度和中国之间也是如此。小米利用这一点，聘用了解熟悉印度风土人情的管理团队，提供贴心又人性化的服务，于2015年在印度开设了第一家工厂。三年后，小米在印度的工厂已经有了6家，生产手机速度达平均每秒2部。除了手机硬件方面，小米的软件MIUI社区和WPS同样在印度得到很好的发展，就这样通过"软磨硬泡"的方式，小米在印度牢牢站稳了脚。

关于本土化的运用，小米国际部总裁曾表示：小米坚持在无论任何一个国家做生意，均要高度本土化。小米在印度这种本土化的运营模式，让印度"风味"完美融入工作运作中，走出了一条全新的康庄大道。小米在印度取得显著成功的最重要一步是任用Manu Jain作为小米印度公司的CEO，在加入小米之前，他就是印度互联网界自带流量的明星人物，创造了积极的市场环境。同时，小米还聘请明星代言产品进行营销，通过本土化以及粉丝经济双管齐下的方式，迅速扩大了市场影响力。此外，小米还积极协助提高当地女性就业率，印度小米女性员工的比例高达95%，更好地树立了中国品牌——小米形象。

然而，企业家从不会因眼前的成功而止步不前，在成功占领印度市场之后，于2019年，为拓展非洲业务，小米开始成立非洲地区部，企业家雷军和他的小米将进军非洲，继续扬帆远航。

三、启　示

BOP（Bottom of Pyramid）创新与传统的TOP（Top of Market）创新有不同的规律，案例充分揭示了BOP创新的特点，高性价比的追求和当地化需求成为扩展BOP市场的重要支点。

点　评

创新就是两件事情，"一个是干别人没有干过的事情，第二个是干别人干砸的事情"。创新的失败率很高，99%都会死，"因为失败率（高），没有人愿意花很多钱，很多人创业都是拷贝，核心是抄，因为创新的成本太高。不过，哪怕创新失败的人也会被社会尊重，因为只有失败者才会造就创新者"。

思考题

1. "互联网 +"对于企业的国际化战略实施、创新起到什么样的作用？
2. 在跨国经营过程中，如何将当地文化与本国文化有机融合进行商业创新？
3. BOP创新需要高科技吗？

第二章　创新是最主要的生产要素

  高质量发展，就是能够很好满足人民日益增长的美好生活需要的发展，是体现新发展理念的发展，是创新成为第一动力、协调成为内生特点、绿色成为普遍形态、开放成为必由之路、共享成为根本目的的发展。
  ——习近平总书记在中央经济工作会议上的讲话（2017年12月）

单位 GDP 能耗：考虑子孙后代必须计算的成本

一、背　景

企业社会责任理论强调，我们应该从财务绩效、社会绩效、环境绩效三个方面来评价企业，不能单纯地强调股东利益最大化，而降低社会效益和环境效益。绩效的这三个支点是可持续性发展的重要保障。随着环境问题的恶化，以自然资源消耗为主的粗放型经济模式已经难以支持中国经济继续前行。可持续发展要求经济增长范式从要素经济向创新经济转型。通过技术进步来推动经济增长。技术创新已经成为实现可持续发展的根本路径。为了促进经济转型，我们越来越关注单位 GDP 能耗情况，用这一指标来指引中国经济走向可持续发展。

二、做　法

1. 什么是单位 GDP 能耗

单位 GDP 能耗又称万元 GDP 能耗，表示每产生万元 GDP 所消耗的能源，是反映能源消费水平和节能降耗状况的主要指标。一次能源供应总量与国内生产总值（GDP）的比率，是一个衡量能源利用效率的指标。该指标既能够衡量一个国家经济活动中对能源的利用程度，也能够反映出经济结构和能源利用效率的变化。

影响单位 GDP 能耗的因素有很多，主要有以下 5 个方面：

一是能源消费结构。由于各能源的自然属性不同，即使产出同等量的 GDP，所消耗的能量源也不同。所以，各能源占能源消费比重的高低影响单位 GDP 能耗的大小。

二是经济增长方式。随着科技的进步和劳动者素质的日益提高，传统的粗放型经济增长方式已不符合当今世界发展的潮流，相比之下，集约型经济增长方式不仅生产效率高、质量好而且更符合当下所提倡的绿色节约型经济。因此，粗放型经济相比集约型经济而言，所消耗的能源较多，单位 GDP 能耗较大。

三是产业结构或行业结构。产业结构又叫国民经济的部门结构，是指农业、工业和服务业在一国经济结构中所占的比重。第一产业是产品直接取自自然的部门，第二产业是对初级产品进行再加工的部门，第三产业是为生产和消费提供各种服务的部门。相对而言，第一和第三产业比第二产业单位增加值能耗少，其中第三产业增加值占 GDP 比重越高单位 GDP 能耗越小，第二产业中的重工业在六大高耗能行业比重越高，单位 GDP 能耗就越高。

四是能源利用的技术水平和能源生产、消费的管理水平。以上各类与消耗的能源量和单位 GDP 能耗成反比，水平越高所消耗的能源量则会越少，单位 GDP 能耗也必然越小。

五是自然条件。自然条件间接地影响了单位 GDP 能耗的大小。例如，有色金属矿聚集的地区经常以有色金属冶炼及压延加工业这个高耗能行业来推动经济增长。因此，该地区往往能源消耗较大，而产出的 GDP 相对较小，从而导致单位 GDP 能耗较大。

单位 GDP 能耗的作用主要有以下几点：一是直接反映经济发展对能源的依赖程度。单位 GDP 能耗越大，则说明经济发展对能源的依赖程度越高。二是间接反映产业结构状况、设备技术装备水平、能源消费构成和利用效率等多方面内容。三是间接计算出社会节能量或能源超耗量。当结果为正数时，表示本年比上年节能；当结果为负数时，表示本年比上年多用了能源。四是间接反映各项节能政策措施所取得的效果，起到检验节能降耗成效的作用。

2. 我国单位 GDP 能耗的基本情况

根据前瞻产业研究院的监测，"十二五"以来我国超额完成节能减排任务。"十二五"期间我国的万元 GDP 能耗目标为下降 16%，实际下降了 19.91%。"十三五"期间我国的万元 GDP 能耗下降目标为 15%。按照目前的发展态势，预计 2018 全年的万元 GDP 能耗同比下滑约 3.15%。截至 2018 年底我国已完成"十三五"规划目标的 79%。

近年来我国 GDP 增速明显高于能源消费增速和电力消费增速，这意味着我国经济的快速增长已经摆脱了过去传统的粗放式经济增长方式。受产业结构影响，不同工业之间的能源消费也不同，呈现重工业＞轻工业＞第三产业的状态。另外，我国能源消费弹性系数和电力消费弹性系数均有所下滑，显示出我国国民经济结构发生了变化，这与我国低耗能产业的快速发展存在一定的关系。在强调绿色经济的同时，通过产业结构的不断优化，使能源应用效率得到不断提高。总的来说，我国经济发展模式日趋向好，能源消耗与经济发展呈现出不断优化的发展态势。近几年来，从万元 GDP 能耗降速方面来看，各省市能耗下滑没有明显的规律性，但可以明显看出，包括贵州、甘肃在内的西部地区在节能减排方面取得了较为显著的效果。

3. 陕西省降低单位 GDP 能耗的做法与经验

陕西省单位 GDP 能耗逐年下降，这与坚实的制度保障密不可分。2008 年 3 月 7 日，陕西省人民政府以陕政发〔2008〕9 号印发《陕西省单位 GDP 能耗考核体系实施方案》。省发展改革委、省统计局、省环保局结合陕西省实际，会同有关部门制订了《陕西省单位 GDP 能耗统计指标体系实施方案》《陕西省单位 GDP 能耗监测体系实施方案》《陕西省单位 GDP 能耗考核体系实施方案》（"三个方案"）和《陕西省主要污染物总量减排统计办法》《陕西省主要污染物总量减排监测办法》《陕西省主要污染物总量减排考核办法》（"三个办法"）。2018 年，根据陕西省公布的一项数据显示，过去五年，在能源工业占规模以上工业比重下降 11.8 个百分点的情况下，地方财政收入增加 400 亿元，单位 GDP 能耗降低 17%，经济总量持续增长而主要污染物排放持续下降，全省经济正在步入高质量发展轨道。2018 年，西安市超额完成陕西省定年度"双控"目标任务，单位 GDP 能耗同比下降 5.99%，超出年度目标 3 个百分点，实现"十三五"目标进度的 84.9%，超出 24.9 个百分点；能源消费同比仅增长 1.72%，顺利完成"控制在 2.3% 以内"的年度目标任务。

三、启 示

在"创新、协调、绿色、开放、共享"发展理念的指导下，陕西省主要城市的节能降耗工作，之前能够想到的、风险不大的措施，基本上都做完了。能源优化已进入深水区，现在我们面临的都是硬骨头，比如工艺参数和设备运行深度优化等，要求我们上下同心，开动脑筋。当下亟须创新和担当，还需要城市管理者继续挖潜，凡是能够带来收益的，要马上行动。

点 评

案例充分展示了财务绩效和环境绩效的平衡对经济增长的重要性，也让所有人重新思考如何突破两者之间的悖论关系，意识到技术创新将成为破解困局的重要路径。

思考题

1. 针对不同区域能耗管理，如何实现模式差异化、目标一致化要求？
2. 如何对能耗管理实现精细化管理，实施多方监督，建立有效制衡机制？
3. 如何促进绿色技术创新？绿色技术创新应该由谁来负责？

|创新驱动与经济高质量发展

新加坡的城市规划

一、背　景

新加坡是继伦敦、纽约、香港之后的世界第四大金融中心，被誉为"亚洲四小龙"之一，更有"花园城市"的美誉。新加坡由新加坡岛及63个小岛组成，总面积约719.1平方公里，总人口约547万，人口密度位居世界第二。按照国土面积，新加坡作为微型国家，土地资源匮乏，但极其注重人与空间的联系，很好地解决了很多城市普遍存在的人口、建筑和交通拥挤的问题，保留了大量的生态空间。在构建城市体系上，运用先进的理念，创造了一个生态宜居的温馨家园，向全世界展现了人与自然和谐共生的可持续发展的国家形象。

❖ 新加坡的美丽夜景

二、做 法

1. 科学规划，合理布局城市结构和功能

新加坡发展得如此之好，得益于科学的战略规划。完备的城市规划体系，包括形态结构、空间布局、基础设施、土地管制措施、划分规划区结构功能等。采取前瞻的极限规划理论，利用环状城市和新镇建设两个基本的城市空间结构模式，在南海岸中部建设政治、经济、文化高度发达的国际性中心区，将重型和化工工业布局西部，在东部超前布局国际机场，沿交通发达地带建设居住和轻型工业并存的新镇。为提高公共交通效率，将交通结构体系和公共服务设施体系结合起来，实现了区域功能分工和综合发展并行，减轻了各地的交通压力。

2. 绿色便捷，科学构建城市交通体系

"新加坡规划之父"刘太格曾说过：健康的城市是可步行的城市，需要减少无必要的交通。新加坡的路网密度位居世界第三，在高度鼓励性的公共交通政策指引下，道路系统高度完善发达，以地铁为主、其他方式为辅的4级路网体系构成，协调发展，使得新加坡道路畅通无阻。同时，为实现便捷高效的绿色交通，交通场站采取"门对门"和"无缝衔接"的方式将不同交通工具之间的换乘距离控制在可步行的范围之内。此外，将商业中心和住房区域做整体考虑建设在大型交通枢纽站周边，打造"住宅—商业"一体化的混合开发模式，有效地提高了人流集散。最后，为鼓励公共交通出行方式，在管理上严控私家车数量，建立 ERP 调控收费系统，还推出了世界上第一个电子公路收费系统，并制定了相关限排政策。

一系列的政策和规定，不仅缩短了交通通行距离和时间，解决了交通拥堵问题，减少能源消耗，控制有害气体排放，而且带来了多元效益，有效优化了生态环境。

3. 人本理念，设置公共服务设施体系

新加坡十分注重"以人为本"的公共服务设施规划理念，强调每个片区都要成为功能齐全的独立"城市"。各区域形成规模与等级相匹配的有标准化规定的系统性服务中心，各级各类公共基础服务设施一应俱全，高度保障了民生，增强了宜居性。

4. 生态优先，着力打造"花园中的城市"

新加坡被誉为"花园城市"，更多是种植草和树的作用，特别是在每一条道路旁边都有一套"标准化"的树木种植。为打造"花园城市"，确立了生态系统和公园绿地的发展目标和原则，对绿色生态区域，进行严格管控。要求每个新镇均要有一个 10 公顷的公园，居住区住宅前均有绿化植被覆盖，达到每千人应有 0.8 公顷的绿地指标。目前，新加坡市内占地 20 公顷以上的公园有 44 个，0.2 公顷的街心公园有 240 多个。同时，通过绿道网络将点、片状散布的大型公园绿地串联起来，因地制宜，建设符合区域发展的突出多元性的主题公园，例如，在泄洪区域建设以生态为主题的雨洪公园。此外，注重水循环和生态修复，通过"生态天桥"将各个生态区域联通，以及通过推出绿化屋顶津贴政策，鼓励建设屋顶花园，既能起到良好的景观作用，又能降低热效应，并且

能够收集水资源，促进更好的生态连接性，不仅打造了循环性的集水系统，促进绿化，也为生物自由迁徙提供了保障，创造了一个可持续发展的生活空间。

5. 和谐包容，着力塑造城市特色景观

新加坡是一个有着多元文化交融的移民国家，是全球最国际化的国家之一。海纳百川，有容乃大，通过多元文化的交融，彰显了新加坡具有民族特色的城市景观。其历史街区体现了多元文化交融的内涵，通过保护规划重点保留了15个特色区域。例如，通过保留牛车水中国城展现中国传统文化，保留小印度街区展现印度文化等，以及以人为本、注重品质的人性化城市公共空间建设，新加坡还有极具地方特色的骑楼商业街区和网络化的地下步行系统。

除了民族特色的城市景观设计外，新加坡政府对城市中心区的建设，强调建筑别具一格的艺术性和独特性，并且对核心区域的步行廊道、建筑设计、户外标识、环境艺术等一系列风貌进行了严格管控，旨在打造具有历史、艺术、功能、风格、体验等包容并蓄的城市风貌，促成了城市文化的统一性。

三、启　示

新加坡的城市规划强调规划的设计与实施，通过长期性和战略性的规划，侧重于解决宏观层面的问题，对建设的指导主要体现在确定全局性的功能分区、道路交通安排、环境绿化以及干线基础设施的布局等方面，以宏观的角度决定土地使用政策与开发策略，制定长远发展的目标，并为实施性规划提供根据。概念规

| 创新驱动与经济高质量发展

划蓝图不仅可以满足当代人的需求，而且不以牺牲下一代人的利益为代价，是一种可持续发展的计划。这个理念性的宏观计划，试图预测新加坡未来四五十年的土地需求，让人们可以想象三十年后城市的面貌。

点 评

案例充分展示了设计思维驱动创新的思想在城市规划中的应用，以新的理念为引导进行的整体设计往往比单个主体零星的创新更加有利。

思考题

1. 为什么新加坡能够采取这种创新理念？
2. 结合西安的城市特色与中国国情，谈谈如何形成适合自己的城市发展模式。
3. 对西安这座城市发展中的新难题谈一谈你的认识和建议。

中日比较：钢铁是怎样炼成的

一、背　景

特种钢也叫合金钢，最初的特种钢是被用于舰船的制造，早在第二次世界大战之后，世界各国意识到了增强军事战斗力的重要性，特别是海上战斗能力，纷纷开始研发高强度的舰船用钢。航空母舰和核潜艇等国之重器，可以说是国家综合国力的象征，更是海上军事能力最好的体现，特种钢也是打造这些战舰所需的关键材料，并且在某些民间高端制造业也有大量应用，所以特种钢的重要性不言而喻。

二、做　法

中国的钢铁，从产量上来看，已经长期处于世界前列，但从质量上来看，与国际高端水平还有很大差距，存在"大而不精"的问题。原因之一，是由于长期以来，以美国为首的西方国家实行高度技术封锁，导致中国不能轻易学习和引进先进的炼钢经验和技术。目前，我国的钢铁生产能力和技术水平较低，能够生产的高性能、高技术含量和高附加值的钢铁占比极小。

对比邻国，日本是世界上钢铁工业技术水平领先的国家，就连美国、德国等西方工业强国也望尘莫及。其特种钢品质一流，与欧洲相比也依然占有价格优势，因此世界各国从日本进口特种钢较多。事实上，我国也在不断学习日本先进的炼钢技术，例如，鞍钢全套生产线需要从日本引进，宝钢成立之初也得到了日本的技术援助。

日本是世界上钢铁生产发展最好最快的，并且也是出口钢材最多的国家，其钢铁产量虽只有中国的10%，但是总钢材利润却远大于中国。我国的钢铁行业，主要还是以粗钢类的产品为主，对生产技术要求不高，国内外需求也不是很高，所以每吨利润很低，甚至不足0.5元。相反，日本所生产的钢种对生产技术要求比较高，国际上需求较大，所以利润较高。比如车用钢板，每吨利润在300到500元左右，是粗钢的几百到上千倍。而对生产技术要求更高的超高性能的特种钢，每吨利润也就更高，是粗钢的几千甚至上万倍。

所以，近些年来，我国通过加大经费投入力度，促成钢铁工业转型升级。经过长期的艰苦攻关，成功打破高端钢铁制造的技术垄断，拥有了高性能钢铁的生产技术，取得了很大的成绩。2017年，中国学者在国际权威科学期刊 *Science* 上发表了一篇关于特种钢制造的论文，表明我国新研发的"超级钢"拥有2 200兆帕的屈服强度和16%的均匀延伸率，这一数据超越了钛合金，而美、德、日等钢铁技术强国同级的"超级钢"仅有1 100兆帕的屈服强度，产品性能整整超出了日本钢的一倍。有了"超级钢"后，不仅将对我国航母和核潜艇的研制提供很大帮助，还将进一步提升我国的综合国力。

三、启 示

高端技术一直是高利润的根本来源。钢铁行业的发展充分展示了高端技术的价值。在中国钢铁行业产量领先世界之后，特种钢材一直是中国钢铁的软肋。日本企业凭借高端钢材生产技术一直获得垄断利润，这种垄断直到中国企业掌握了特种钢材的生产技术才被打破，中国工业的发展有了更坚实的基础。

点 评

案例充分展示了高端技术的价值，突破"掐脖子"技术，才能够让中国企业成为技术网络中的关键结点，摆脱被锁定在低端分工环节的窘境。

思考题

1. 突破高端技术的难点究竟是什么？
2. 如何降低高端技术突破的成本？

第三章　人才是创新的第一要义

  贯彻尊重劳动、尊重知识、尊重人才、尊重创造方针,深化人才发展体制机制改革,全方位培养、引进、用好人才,造就更多国际一流的科技领军人才和创新团队,培养具有国际竞争力的青年科技人才后备军。
  ——《国民经济和社会发展第十四个五年规划和二〇三五年远景目标的建议》(2020年10月)

深圳积极推动人才政策创新突破和细化落实

一、背 景

2017年3月5日,习近平总书记在参加十二届全国人大五次会议上强调,要大兴识才、爱才、敬才、用才之风,改革人才培养使用机制,借鉴运用国际通行、灵活有效的办法,推动人才政策创新突破和细化落实。

深圳正在加快建设国际科技、产业创新中心,人才是创新的第一资源。下面,我们一起来了解一下,深圳在人才聚集方面有哪些做法与经验。

二、做 法

近年来,深圳不拘一格引进人才,构筑平台培养人才,优化环境使用人才,正在对人才产生强大的吸引力。据统计,深圳目前累计引进国外境外专家高达98万多人次,总量位居全国第三;"海归人才"潮涌深圳更为显著,引进留学人员总数已经达到5.5万多人,"海归经济"成为深圳自主创新与产业提升的重要力量。

全国人大代表吕薇认为,深圳在建设国际科技、产业创新中心方面已经展现出了一定的软实力,下一步应当在吸引科技人才方面有所突破。

当前,深圳已实施了十大行动计划,推进十大人才工程位列其中,内容包括院士引进工程、创新领军人才聚集工程、优秀大学毕业生引进计划等。另外一方面,北大、清华、哈工大深圳研究生院等一批高等学府已经落户深圳。

创新离不开强有力的人才支撑,人才是创新的"第一资源",为了加大人才吸引力度,深圳提出了促进人才优先发展的若干措施,这些政策取得如下突破:

在财政投入力度方面有重大突破,每年市级财政用于人才工作的预算将达44亿元,新增23亿元,为深圳人才投入提供资金支持。

在人才安居保障方面有较大突破,未来5年筹集不少于1万套人才公寓房,供海外人才、在站博士后和短期来深工作的高层次人才租住,杰出人才可选择600万元的奖励补贴,也可选择面积200平方米左右免租10年的住房;外籍人才、获得境外永久(长期)居留权人员和港澳台人员,在缴存、提取住房公积金方面享受市民同等待遇等政策优惠。

在用人主体积极性方面有较大突破,提出人才管理部门简政放权,取消人力资源服务机构行政许可,减少人才评价等环节中的行政审批和收费事项,落实企事业单位的用人自主权,为深圳人才管理释放市场活力。

在各类人才"松绑"方面有较大突破,提出实行高层次人才机动编制管理,支持事业单位科研人员离岗创业和大学生创新创业,建立企业家和企业科研人员兼职制度,对科研人员因公出国(境)实行灵活管理,推行有利于人才创新的经费审计方式,为深圳人才创业保驾护航。

在优化人才服务方面有较大突破，构建了全市统一的人才综合服务平台，建立高层次人才服务"一卡通"制度，为人才子女入学、完善人才医疗保障等提供便利，为深圳人才服务提供便利和优越环境。

三、启 示

深圳从一个边陲小渔村发展成为一座现代化、国际化大都市，其核心秘诀就是持续创新。作为一个传统创新资源匮乏的新兴城市，深圳经过30多年的努力，从改革开放初期主要依靠"三来一补"（来料加工、来样加工、来件装配和补偿贸易）贸易模式，发展了新一代信息技术、互联网、新能源、新材料、生物等战略性新兴产业，诞生了华为、中兴、腾讯、大疆、华大基因等享誉世界的科技企业。

仅仅在专利申请方面，深圳的国际专利申请量、每万人发明专利拥有量均居全国首位。深圳这个"华丽转身"的背后，有市场这个"无形之手"，更有政府这个"有形之手"。

点 评

尽管吸引人才是创新的基础，但其在创新生态系统中也发挥了关键性的作用。多年来，深圳高度注重战略规划引领，从政策和规划层面大力加强创新体系顶层设计，在制度政策上率先做出前瞻性安排，加快速度换挡、加快动力切换，释放新技术、新业态的发展活力，率先实现发展方式的根本转变。

创新驱动与经济高质量发展

思考题

1. 谈一谈陕西大学生外流的主要原因？
2. 谈一谈陕西吸纳人才的制约瓶颈？

破除"五唯"的案例

一、背　景

党的十八大提出"推动高等教育内涵式发展",党的十九大进一步提出"加快一流大学和一流学科建设,实现高等教育内涵式发展"。2018年11月,教育部办公厅印发《关于开展清理"唯论文、唯帽子、唯职称、唯学历、唯奖项"专项行动的通知》,决定在各有关高校开展"唯论文、唯帽子、唯职称、唯学历、唯奖项"(以下简称"五唯")清理。"五唯"问题由来已久,是高等教育界多年来讨论与诟病较多的话题。破除"五唯",改进高校的科研评价和人才评价,对于实现高校内涵式发展意义重大。

关于大学排名,习近平总书记有过精彩的论述,他说:"办大学,最重要的是人们心中的声誉,是自己的底蕴,是自己的积累。这是需要长期积淀之后在人们心中形成的。现在国际上和国内都有不少高校排名,这个排名可以看看,但不能过度依赖。靠几个数据,是说明不了一个大学是怎么样的。"破除"五唯",坚持高校的内涵式发展导向,就需要在高校的师生员工中建立科学、合理、分类的评价体系,实施科学、有效的评价方法,更好地促进师生员工人人成才,充分发挥作用,加快一流大学和一流学科建设。

二、做　法

为纪念《教育研究》创刊40周年，2019年4月26日至28日，在杭州举行为期三天的"《教育研究》论坛2019"，本次论坛是由《教育研究》杂志社主办、浙江大学教育学院承办以及浙江大学区域协调发展研究中心共同协办完成的。

此次论坛邀请到来自全国各地高校和教育科研机构的专家、学者代表共计140余位，以"破'五唯'教育评价改革"为主题，共同商讨破解之道。整个大会围绕"破'五唯'教育评价改革"主题，设立5个分论坛，分别对"五唯"的典型表现、形成机理及破解之道等问题展开讨论。与会领导、嘉宾、专家们都对"五唯"问题谈了自己的看法和观点，主要包括以下几个方面：

❖《教育研究》论坛2019在杭州举行①

---

① 图片来源：浙江大学求实新闻网。

第一,"五唯"问题的实质是教育的价值取向问题。"五唯"作为衡量和选拔人才的评价标准,它的产生和发展既有历史和传统文化的影响,又有其便利性的原因。其在评价人才和教育的历史过程中,产生过一定的积极作用,但随着时代的变化和社会的进步,面对教育与人才竞争的压力越来越大,也出现了许多盲目逐利的现象,且有愈演愈烈之势。破"五唯"就是要改变对教育定义的简单化和绝对化倾向,去教育功利化,还立德树人的初心,寻回教育的本源,端正教育观念。

第二,破"五唯"不仅仅是教育系统的任务,社会才是破解的关键。新时代的强国建设需要高质量的教育与高水平的人才,社会对高层次人才的需求不断增加,"五唯"人才已无法满足社会需求,因此人才环境需要进一步优化和改善。

第三,破"五唯"的重点应放在以下几个方面:应在分数的统计意义、教育意义、社会意义和政治意义之间找到一个平衡点;升学体现的应在于提高人的生命质量和价值,在端正教育观念的同时要改革教育评价制度;给予"文凭"一个科学的定义,它不仅是一种符号,其深层次功能在于"区分",应当降低文凭的区分功能,增强其证明功能;论文应回归到其学术价值和社会价值上,回归到"重心下移"上,并要分类评价、区别对待;治理"唯帽子"关键在于"帽子生命流程"逻辑,要做到学术自律,并建立舆论监督机制和退出机制,把好"帽子"门槛与遴选关。

第四,克服"五唯",不能采取"一棍子打死"的简单化态度,这与最初的教育和人才发展完全背道而驰。近些年来,也逐渐提出了破除"五唯"的相关举措。然而,破除"五唯"的顽瘤痼疾,并不是一件易事,既要在观念上解放思想、实事求是,又要在尊重教育规律的基础上进行科学分析，注重办学方法和培养原则并且建立完善的教育评价体系。

三、启 示

人才成长需要适合人才发展规律的制度体系。"五唯"现象已经制约了人才的发展。如何改进人才评价体系，让真正的人才得到更多的资源支持已经成为亟待解决的重要问题。鼓励多元化的人才评价标准，为人才成长创造更有利的空间已经成为重要的改革方向。只有鼓励真实原创的人才评价体系才能激发原始创新，为创新驱动奠定人才基础。

点 评

本章充分展示了制度体系对创新活动的影响，为了推动面向国家重大需求的创新活动，制度体系必须与之匹配。人才评价体系是制度体系中的重要环节，是制度体系的重要支点。

思考题

1. 如何对基础科学研究和技术研究活动进行差异性评价？
2. 人才评价体系如何进行差异化评价？
3. 破除"五唯"需要高校坚持的内涵式发展导向如何建立？如何建立长周期、多维度与过程性人才评价体系？

陕西省在国家科学技术奖励上表现出色

一、背 景

2019年1月8日上午,中共中央、国务院在北京隆重举行国家科学技术奖励大会。陕西省33项科技成果获国家科学技术奖励,占2018年度三大奖授奖总数的11.87%。其中,主持完成14项,参与完成19项,通用项目的获奖总数居全国第5位。

2015—2018年陕西省获得国家科学技术奖励情况

年份	获奖数	排名
2015	38	4
2016	32	4
2017	36	4
2018	33	5

二、做 法

近年来,陕西省在国家科学技术奖励中始终位居全国前列,突显了陕西省的整体科技实力。在国家科技奖励深化改革、提高质量、精简数量的形势下，不仅没有影响获奖项目的数量和质量，还能在保持较高水平的基础上有所提高，这与陕西省科学技术工作的政策导向和特点密不可分，归纳为以下几个特点：

第一，重视在重点学科领域的自主创新，全省科技创新创业日趋活跃，不断获得新突破和原创成果。2018年，由西安交通大学管晓宏院士等完成的"网络化系统安全优化理论与方法及在能源电力等系统的应用"获国家自然科学奖二等奖，在该领域的技术研究和原始创新方面取得新突破。该成果围绕网络化系统安全优化的重大需求，解决了电网巨量安全约束和控制解列、动态积分约束等难题；提出了系统控制策略优化设计方法，发现最优策略结构，为在线优化控制提供了系统化方法；提出了包括水资源和水电网络化系统的在线应急调度策略，设计了信息不可完全预知条件下的在线优化策略。目前，该成果已在西北电网、宝钢等企业的实际电力、能源系统应用。在5项通用技术发明奖项目中，陕西省主持完成2项，分别是西安交通大学陈雪峰教授等完成的"风电装备变转速稀疏诊断技术"、王建华教授等完成的"输电等级单断口真空断路器关键技术及应用"，均荣获国家技术发明二等奖。

第二，大力推进统筹科技资源改革和创新型省份建设，重视创新团队建设和国际合作，取得了一批在国内外有重大影响的科技成果。如：西安交通大学陶文铨院士、何雅玲院士和王秋旺教授等为带头人的"西安交通大学热质传递的数值预测控制及其工程应用创新团队"连续两年获国家科技进步奖（创新团队）。2017年，第四军医大学"第四军医大学消化系肿瘤研究创新团队"获国家科技进步奖（创新团队）；中国科学院地球环境研究所推荐的美国古气候专家约翰·库兹巴赫获国际科学技术合作奖。

第三,深入实施创新驱动发展战略,以需求为导向,注重产学研结合,科技对经济社会发展的支撑引领作用愈发凸显。如:郑庆华教授等完成的"税务大数据计算与服务关键技术及其应用",西安建筑科技大学徐德龙院士等完成的"冶金渣大规模替代水泥熟料制备高性能生态胶凝材料技术研发与推广"等获得国家科学技术奖励。

近年来,陕西省科技工作致力于构建区域创新体系,推动协同发展。陕西省支持建设一批省级高新区,推进延安升级国家级高新区,鼓励自创区带动高新区的发展模式,支持其设立科技园区。同时,实施县域创新驱动发展示范工程,全面启动反向科技特派员行动计划,建设"星创天地"20个,推动地市建立"政产学研金"成果转化平台。支持杨凌建设国家农业科技成果交易示范区。推进咸阳、榆林、汉中、渭南进入创新型城市试点行列。实施科技扶贫攻坚八大行动计划,建设科技示范基地50个,支持贫困县依靠科技创新培育特色产业,实现8 000余个贫困村科技特派员全覆盖。

2020年,作为科教大省的陕西也交出了科创目标清单:综合科技创新水平指数达到67.4%,全国排名提升;全社会研发经费投入强度达到2.20%,企业研发经费投入占比明显提升;新建国家级高新区、国家农业科技园区、国家重点实验室、国家技术创新中心等国家级科技创新平台基地4家;"1155"工程取得实效,新建"四主体一联合"研发平台20家、"双创"孵化载体50家,省中小企业研发服务平台合同数量与成交金额实现双翻番;高新技术企业数量净增20%以上,高技术产业、战略性新兴产业增加值明显提升;技术合同成交额超过1 200亿元,陕西科技创新的优势将更加明显。

三、启 示

科技政策是推动地区科技创新的重要因素。陕西省政府结合当地丰富的高校资源，通过制定匹配的科技政策、建立科技资源统筹组织、优化产学研体系、建立区域创新体系等多方面举措，极大地推动了科技创新，在国家科学技术奖励等方面取得了突出成绩。

点 评

本章充分展示了科技资源统筹规划对创新活动的影响，建立有利于科研活动的科技政策支持体系能够有力提高科技资源的利用效率和创新绩效。

思考题

1. 陕西省如何从研发管理大省转化为创新服务大省？
2. 陕西省如何提高原始创新能力培训发展新动能？
3. 何种产学研体系是理想的产学研体系？产学研体系建立的难点是什么？

第四章　创新关键在于原始性突破

加快壮大新一代信息技术、生物技术、新能源、新材料、高端装备、新能源汽车、绿色环保以及航空航天、海洋装备等产业。推动互联网、大数据、人工智能等同各产业深度融合，推动先进制造业集群发展，构建一批各具特色、优势互补、结构合理的战略性新兴产业增长引擎，培育新技术、新产品、新业态、新模式。促进平台经济、共享经济健康发展。

——《国民经济和社会发展第十四个五年规划和二〇三五年远景目标的建议》（2020年10月）

第四章　创新关键在于原始性突破

换来五十年和平的"争气弹"

一、背　景

1945 年，第二次世界大战落下帷幕，世界逐渐形成了美苏对峙的战后格局，美苏之间在军备竞赛尤其是核军备领域的竞赛愈演愈烈，世界笼罩在战争的威胁与核恐怖的阴影下。在新中国成立初期时的世界政治格局下，以美国为首的西方列强出于对刚刚崛起的新中国的忌惮，多次试图设法阻挠甚至破坏新中国的建设与发展。

❖ 1964 年 10 月 16 日，我国第一颗原子弹爆炸成功

49

创新驱动与经济高质量发展

1964 年 10 月，我国第一颗原子弹试爆成功，紧接着在 1967 年 6 月第一颗氢弹也成功爆炸，从此摆脱了西方的核垄断，开启了国防建设的全新格局，因此两弹也被誉为是中国人民的"争气弹"。

二、做　法

新中国成立后，为大力发展工业建设、提升国家经济实力，1954 年，国家地质部派遣地质队伍前往广西勘探并最终发现了铀矿床，同年秋天，时任地质部常务副部长的刘杰与李四光、钱三强一起，向毛主席和周总理展示了从广西开采的铀矿石标本并进行汇报。其间，针对接下来的矿产勘探计划，刘杰表示：根据当时专家的考察和判断，我国南方多地极可能蕴藏大量铀矿资源，对这个令人兴奋的发现，毛主席同样表示："很有希望，要找，一定会发现大量铀矿。我们有丰富的矿产资源，我们国家也要发展原子能！"汇报结束时，毛主席亲切地拉着刘杰的手说："这是决定命运的事，要好好干"！至此，这块"开业之石"将刘杰引进了核工业世界的大门，也象征着我国核工业正式起步。随后毛主席于 1955 年 1 月 15 日提出了创建中国核工业的战略决策，我国核工业的建设发展开始逐步有序推进。

1956 年秋，时任中国代表的王淦昌来到苏联杜布纳联合原子核研究所工作，基于在此期间的不懈钻研，1960 年，他带领的研究小组成为世界首个发现了"反西格玛负超子"的科研队伍，也为祖国带来无限荣光。1960 年底，王淦昌回国来到中科院原子能所继续他的科研事业，并把在苏联工作时省吃俭用攒下来的 14 万卢布全部捐献给当时遭遇自然灾害的祖国，其无私奉献的精神和对祖国的热爱一度被传为佳话。

第四章　创新关键在于原始性突破

❖ 位于四川梓潼的"两弹城"旧址

然而,在我国核工业建设伊始,由于苏联撤资并召回专家人才的单方面"毁约"行为,王淦昌接到了时任第二机械工业部(简称二机部)部长刘杰的约见通知,党中央决定委派王淦昌参加领导原子弹的研发工作。为了祖国的核事业,王淦昌担起了重任,次日便前往二机部报到。出于国家安全和保密原则,从那时起,"王京"代替了"王淦昌"这个名字担负起领导我国核武器研发的使命。在1961年至1978年间,王淦昌隐姓埋名,一心投入核武器的研制工作,在我国两弹的研制过程中,指导并解决了一系列关键的技术性问题,是我国核武器事业的重要奠基人之一。时隔多年,当回想起自己回国的初心,王淦昌说:"我认为国家的强盛才是我真正的追求,那正是我报效国家的时候。"

1951年,另一位两弹事业奠基人于敏暂别北大来到了中国科学院近代物理所(现原子能科学研究院)。此后十年间,他刻苦钻研,十年如一日,一跃成为享誉国内外的一流理论物理学家。1961

创新驱动与经济高质量发展

年1月,于敏应邀来到钱三强的办公室,接受了热核武器原理预先研究的任务。同样是隐姓埋名三十余载,一别之前的基础理论研究投身多学科、应用性强的大科学领域,而这次事业生涯的重大转折无疑为之后祖国氢弹事业的推进奠定了基础。

为了尽快推进我国氢弹的研制工作,于敏和同事们不分昼夜、全力奋战,尽管氢弹原理十分复杂,研究时常受阻,但众人心中热血不减,希望为祖国争光。1965年9月,胜利的曙光终于出现,以于敏为首的科研队伍终于形成了涵盖原理、材料、构型的架构完整的物理设计方案。不久,氢弹原理实验取得成功。1967年6月17日,我国第一颗氢弹试验取得圆满成功。

1966年10月下旬,我国在本土进行"两弹结合"试验,通过几次重大试验,我们走出了一条有别于美苏的尖端事业发展新路子。从采矿、冶炼、加工直到最复杂的科学研究工作,都采用了各种因陋就简的办法,该精则精,能简则简,使我国尖端事业在简陋条件下迅速取得举世瞩目的成就。

在当时,原子弹的研制被认为是世界最难最复杂的科学技术,只有个别西方国家掌握,同样是最高级别的国家机密。然而在当时的技术封锁下,我国科研人员依然凭借自身知识储备、技术积累和不懈奋斗,完成了这项"不可能的任务"。从第一颗原子弹试验到氢弹原理突破,美国耗费7年之久,苏联用了4年,英国花费了4年半,而中国仅用了26个月,这就是令全世界惊叹且钦佩的中国速度!这是中国国防建设和科学技术方面取得的重大成就,它标志着中国国防现代化建设进入了崭新的阶段。它也在向世界宣告,中国无须依靠别国也能掌握核技术,核事业的成功也为日后我国走向世界大国奠定了基础。

三、启　示

20世纪50年代初，新中国刚刚成立，无数留学国外功成名就的科学家放弃优厚待遇，远离城市、家人，在大西北恶劣的自然环境中科研攻关，献出了青春，甚至生命。在苏联撕毁合同、撤走专家的"严冬"，以王淦昌为代表的科学家放弃了自己得心应手的研究领域，接受了研制核武器的任务。在"山重水复疑无路"时，科学家们凭借着对祖国的热爱和顽强的拼搏精神，以为祖国争光的信念，靠着自力更生的干劲，奋斗了无数个日日夜夜。"两弹一星"的研制成功，震撼了世界，极大地鼓舞了全国人民的斗志，增强了民族凝聚力，激发了振兴中华的爱国热情和创业力量，促进了我国社会主义现代化建设，让中华民族挺起脊梁屹立于世界民族之林。中国第一颗原子弹的爆炸成功，是新中国成立以来一个里程碑式的重大事件，标志着中国人民真正站了起来。然而，成功的背后，核武器研发的艰难超乎想象，是无数的汗水和泪水，甚至是血肉之躯换来的，这些"无名英雄"值得我们铭记。

创新驱动与经济高质量发展

点评

在创新战略选择方面，对现有技术进行改进，从而获取短期收益被称为应用型创新。面对技术难题进行攻关，从而获得长期优势的创新策略被称为探索型创新。探索型创新往往难度更大、投资期长、风险高，但是一旦成功将带来长期的竞争优势。企业经常被眼前短期利益引诱，投资更短期的创新项目，陷入"成功陷阱"。企业家精神推动的组织则经常能够向技术难点持续进攻，敢于通过创造性来推动探索性强的创新项目。具有企业家精神的组织往往前瞻性地布局、热衷于解决核心难题，通过鼓励创新热情克服资源瓶颈，不达目的誓不罢休。

思考题

1. 如何在投身到党和国家事业中修炼"功成不必在我，建功必须有我"的境界和胸怀？

2. 如何把守初心、勇担使命，把爱国之情、奋斗精神和奉献情怀融入自己的生命中，落实到具体工作上？

3. 哪些创新需要政府组织，哪些创新需要依赖市场？

第四章　创新关键在于原始性突破

嫦娥四号代表人类首登月背

一、背　景

2019年1月3日10时26分，由中国航天科技集团有限公司牵头研制的嫦娥四号探测器平稳降落在月球南极——艾特肯盆地内的冯·卡门撞击坑，整个降落过程既惊心动魄又热血沸腾，并通过"鹊桥"中继星传回了世界第一张近距离拍摄的月背影像图，揭开了月背的神秘面纱。此次任务实现了人类探测器首次月背软着陆、首次月背与地球的中继通信，开启了人类月球探测新篇章。

❖ 玉兔二号巡视器全景相机对嫦娥四号着陆器成像①

---

①　图片来源：中国国家航天局。

二、做　法

相比月球正面而言,月球的背面人类鲜少踏足,此前各国只能通过分析照片来一探其土壤成分以及地质结构,因此登陆月球背面有着极其重要的科研意义。此次"嫦娥登月"带回的月球背面土壤将帮助人类积累关于月球开发的经验。此外,由于月球正面易受来自地球的信号干扰,而月球背面却天然具备接收外太空信号的优势,如果在月球背面设立观测站,也有助于人类探索更多外星文明。

2019年5月16日,国际知名科学期刊 Nature 中的一篇论文指出,根据嫦娥四号登月的相关测量数据可以发现从本次登月的着陆点带回的物质极有可能来自月球地幔。同日,我国中科院国家天文台宣布,经过对探测数据的分析处理,可以证明月球背面南极——艾特肯盆地存在以橄榄石和低钙辉石为主的深部物质,这项研究结果也在国外期刊 Nature 上在线发布。

可以说,我国顺利"嫦娥登月"令全世界人民欢欣雀跃,就在登月的前一天,荷兰奈梅亨大学的一名实验室主管马克·沃尔就曾兴奋地表示:"首次登陆月球表面绝对是历史性时刻,幸运的是我们参与其中。"事实上,本次登月任务中,我国与沙特、德国、荷兰、瑞典共同开展了4项国际合作,同时搭载了3项由中山大学、哈尔滨工业大学和重庆大学等国内高校研发的科技试验项目。

三、启　示

探月工程总指挥、国家航天局局长张克俭曾指出:嫦娥四号任务的立项实施是党中央对发展航天事业、建设航天强国作出的重大决策,是落实习近平总书记"推动空间科学、空间技术、空间应用全面发展"指示精神的具体行动,是备受世界瞩目的中国航天重大工程,是航天领域开放合作的示范工程,是月球探测领域承上启下的标志性工程,具有重大政治意义和现实意义。

点评

科技创新是人类共同的事业,是塑造人类命运共同体的重要路径。面向全球关心的核心问题,不断创新,不但有利于提高中国的科技创新能力,也能够在人类命运共同体理念指引下,找到提升中国全球科技引领能力的战略支点。

思考题

1. 大工程管理的难点是什么?大工程如何组织能够更有效地带动科技创新?
2. 勇于探索的坚毅品质与协同攻坚合作共赢的精神如何理解?
3. 在新时期,如何树立精神图腾、永不放弃追逐梦想?

5G 的全球竞争

一、背　景

随着移动通信技术不断迭代升级，作为未来全球经济发展新动能的第五代移动通信技术（简称5G或5G技术）以其毫米级波长、超宽带、超高速度以及超低延时的特点登上世界历史舞台，作为最新一代蜂窝移动通信技术，5G将实现随时随地万物互联，并为打造互联网新时代奠定技术基础，在不久的将来，在不同场景乃至在不同行业，5G的应用都将催生新的产业革命，为实体经济注入全新活力。

二、做　法

5G将带领人类进入高速信息时代，"万物互联"成为可能。未来很多场景需由5G技术支撑，例如4K电视、AR、车联网等。它与物联网、人工智能、大数据、云计算等新兴科技领域紧密相连，以自动驾驶与车联网为例，车联网技术经历了利用有线通信的路侧单元（道路提示牌）以及2G/3G/4G网络承载车载信息服务的阶段，正在依托高速移动的通信技术，逐步步入自动驾驶时代。根据中国、美国、日本等国家的汽车发展规划，依托传输速率更高、时延更低的 5G 网络，有望在 2025 年全面实现自动驾驶汽车的量产，市场规模可达万亿美元的规模。在医疗方面，2019 年 1 月 19 日，中国一名外科医生利用 5G 技术实施了全球首例远程外科手术。身处福建省的这名医生借助 5G 网络，顺利操控位于 48 公里外的机械臂实施手术。在手术过程中，由于延时提速至 0.1 秒，外科医生利用 5G 网络成功对一只实验动物的肝脏进行了切除。

当前全球的 5G 格局呈现出由中美两国主导，其他国家踊跃参与的局面。2018 年 12 月 1 日，韩国三大电信供应商 SK 电讯、KT 和 LG U+ 同步在韩国部分地区推出 5G 服务，并同时发送首批 5G 信号，成功实现了新一代移动通信服务在全球的首次商用。2019 年 6 月 6 日，我国工信部正式向中国电信、中国移动、中国联通、中国广电发放 5G 商用牌照，由此我国正式进入 5G 商用元年。商用牌照的发放标志着中国正式进入 5G 商用元年。

❖ 联想未来中心　畅想 5G 生活

创新驱动与经济高质量发展

中国移动通信行业走过三十余载的发展历程，经历了"1G 空白、2G 跟随、3G 突破、4G 并跑"，在即将来临的 5G 时代，中国正努力成为领跑者。对比美国，中国市场拥有更大的用户规模，并具备更为积极主动的产业政策，中国移动通信产业有望在 5G 的消费者市场取得更为强劲的发展势头。赛迪顾问发布的《2018 年中国 5G 产业与应用发展白皮书》（以下简称《白皮书》）显示，中国 5G 在标准研发上正逐渐领先全球。《白皮书》预测，中国 5G 产业总体市场规模在 2026 年将达到 1.15 万亿元，比 4G 产业总体市场规模增长接近 50%。

从全球范围来看，中国的 5G 发展有哪些优势？首先，从商用范围来说，虽然韩国是世界首个正式商用 5G 的国家，但中国的 5G 技术奋起直追，同样达到世界领先水平。其次，从设备供应链来看，中国的华为、中兴两家企业名列全球第一和第四，占据全球共计 40% 的市场，在建网方面有得天独厚的优势。再次，中国运营商进行 5G 网络建设是出于国家战略层面的要求，因而能做到覆盖范围最大化，同时由于这是完全市场化竞争，以成本和盈利回收为有限原则的其他国家无法与中国比拟。最后，从 5G 的产业链来看，涉及芯片、终端、基站到网络和应用等，如此长的战线极度考验企业的经营能力和水平，在此方面，华为是企业乃至行业中的佼佼者。2019 年 6 月，工信部表示，将秉持开放、包容、合作、共赢的理念，与全球产业界携手推进 5G 发展，并将一如既往地欢迎国外企业积极参与我国 5G 网络建设和应用推广，继续深化合作。

三、启 示

除了在既定的技术网络内探索技术，全新技术网络也经常是探索性创新诞生的摇篮。通过原始创新，换道超车，采用不同的技术路线来完成技术超越是中国引领技术发展的重要路径。5G技术是该创新路线的典型代表。

点 评

5G作为连接一切的技术，在万物互联中构筑着智能世界的底座。而5G的发展正好处在全球各行各业数字化转型的关键时期。人类工业化发展走到今天，正在从过去的机械化、电力化，走向自动化、数字化、智能化。一方面，5G可以在传统的连接的基础上提供广联接、大带宽、低时延。为不同应用提供切片，这一全新功能，使它可以适配各种复杂的行业应用场景。5G的先进性，催生丰富的应用，改变世界。

思考题

1. 如何筛选出有潜力的原始性创新？
2. 原始性创新需要何种组织保障？
3. 如何加大对基础研究的持续性投入？

第五章　企业是创新的主体

　　强化企业创新主体地位，促进各类创新要素向企业集聚。推进产学研深度融合，支持企业牵头组建创新联合体，承担国家重大科技项目。发挥企业家在技术创新中的重要作用，鼓励企业加大研发投入，对企业投入基础研究实行税收优惠。发挥大企业引领支撑作用，支持创新型中小微企业成长为创新重要发源地，加强共性技术平台建设，推动产业链上中下游、大中小企业融通创新。

　　——《国民经济和社会发展第十四个五年规划和二〇三五年远景目标的建议》（2020年10月）

阿里巴巴集团的传奇

一、背 景

2012年,"BAT"的称谓在我国互联网界横空出世,其中就有被誉为互联网界三巨头之一且发展势头逼人的阿里巴巴,全名为阿里巴巴网络技术有限公司,是由马云为首的18人于1999年创立,业务主要包括核心商业、云计算、数字媒体及娱乐以及创新业务,已成功打造出淘宝、天猫、蚂蚁金服、盒马鲜生等多项知名业务。2019年7月,阿里巴巴集团在美国《财富》评出的世界500强中位列182位,同年11月,阿里巴巴集团于香港联合交易所主板正式挂牌上市。

二、做 法

作为享誉全球的中国企业,阿里巴巴从未停止前进的脚步,其商业版图不断扩张,逐渐延伸至云计算、数字媒体以及娱乐等众多领域,吸引了国内外消费者和投资者的目光。阿里巴巴之所以快速成长壮大,与集团代言人马云在国际舞台的频繁亮相不无关系。2015年,马云顺利当选全球互联网治理联盟理事会联合主席。2016年,马云在中法两国合作中的作用得到法国当局认可并被法国政府授予"法国荣誉军团勋章",同年 9 月 21 日,联合国秘书长潘基文亲自签发任命书,宣布马云出任联合国贸易和发展会议青年创业和小企业特别顾问。2018 年 11 月 6 日,马云参加世界互联网大会组委会第二届高级别专家咨询委员会 2018 年度会议,并与维纳·措恩一起被任命为新一届高咨委联合主席。马云凭借自身的语言天赋、幽默风趣的表达以及出色的商业头脑给国外民众留下了深刻印象,成为继李小龙、成龙和姚明等几人后为外国人所熟知的中国人。

2018 年 4 月 26 日,阿里巴巴计划打造"新零售之城",全国多个城市热烈响应。当天,盒马鲜生多店同开,落地北京、上海、广州、深圳、南京、西安、杭州、苏州、成都、武汉等十个城市。一个多月后,天津、福州等城市也相继加入。半年之后,随着阿里生态在多个城市扎根,以新零售为切入口的数字经济正在助力打造城市新名片。2019 年 9 月,阿里巴巴又收购了进口电商平台考拉,基于为用户提供更佳消费体验的阿里生态圈持续延伸,有研究指出,新零售有望成为未来城市的颜值担当和实力象征。

三、启 示

熊彼特创新理论提出了 5 种创新形式:新产品、新工艺、新材料、新组织、新市场。以往创新理论更多地关注了新产品、新工艺、新材料为主的技术创新,而对新商业模式等组织方面的创新关注较少。然而,伴随新一代信息技术、数字化技术的扩散,原有的产业边界日益模糊。产业结构正以客户为中心,借助新一代信息技术重构,新的价值创造和价值获取方式不断涌现。商业模式创新成为企业竞争优势的新来源。

第五章 企业是创新的主体

点 评

阿里的创新是以互联网头部企业的引擎之力带领着一个商业时代发生着物换星移的跃迁与进化。但是，针对商业形态与消费金融层面的赋能只是阿里创新因子的一个功能维度，其在技术上的全新突破与超越还可继续在公众面前打开更大的想象空间。创新带来了商业模式的变革，创新带动了消费体验的升级，创新正成为内在驱动力、加持中国在全球互联网创新上的话语权。从杭州走向全球的过程中，阿里巴巴不再是单纯的电商平台，"生活在阿里巴巴（Live@ Alibaba）"的理念正在推动这家互联网公司继续前行。

思考题

1. 商业模式创新如何影响技术创新？商业模式创新对长期经济增长有贡献吗？
2. 大型组织如何保持自己的创新能力？

| 创新驱动与经济高质量发展

不同凡响的"苹果"

一、背 景

从 Mac 系列的电脑产品到媒体播放器 iPod 以及之后的 iPhone 手机和 iPad 平板电脑,苹果的电子产品每每上市自会卷起一股消费潮流,苹果公司更是引起了业内外瞩目,苹果公司是由史蒂夫·乔布斯、斯蒂夫·沃兹尼亚克和罗·韦恩三人于 1976 年创立,原名苹果电脑公司,2007 年更名为苹果公司,总部位于美国加州,业务涵盖电子产品、计算机软件和在线服务等领域。2018 年 8 月,苹果公司股价上升至 203.57 美元,再创历史新高,盘中市值首度打破万亿美元。2019 年 7 月,苹果入选美国《财富》世界 500 强,同年在福布斯公布的全球数字经济体 100 强中名列首位。

二、做 法

在 20 世纪的六七十年代,电脑的生产和营销尚不算十分流行,于是苹果公司创立之初包括乔布斯在内的三位创始人计划从销售个人电脑开始,一周以后,其中一位合伙人韦恩由于担心无法承受风险而携股退出,带走了他 10% 的股份即 800 美元。商海浮沉,40 年后苹果公司市值的 10% 达到了 600 亿美元。当时的三位创始人可能都未曾想到苹果公司能有今日之势，从台式机到便携式笔记本电脑，再到后来的一系列电子产品，40年来，苹果的发展史也是个人电脑及相关电子产品的不断升级迭代。纵观苹果发展史，不难发现乔布斯令人惊叹的战略眼光，当年乔布斯砍掉大量与公司定位不符的业务线，将研发人力、财力悉数投入电脑业务，随后推出Mac电脑并以其出彩的外观设计横扫美国和日本消费市场，紧接着又推出Mac OS操作系统。

进入21世纪，由于科技股泡沫破裂导致当年苹果Power Mac G4 Cube电脑销售业绩惨淡，为了应对不利局面，乔布斯提出"数字中枢"理念，即以电脑为数据中心，与其他电子产品的数据实现互联互通。在此理念推动下，苹果集结了一款音乐播放软件的开发队伍并成功开发出iTunes；与此同时iPod播放器也应运而生，成功解决了苹果产品的音乐播放问题，且存储空间高达160G，设计优美、易于操作。另一方面，为了全面提升公司的供应链效率，乔布斯邀请蒂姆·库克出任公司的运营主管，并选择租金昂贵的地段开设专卖店来推进品牌建设，与当时主要依托代理商销售的营销模式形成鲜明对比，这是思维和模式的创新。

在创新之路上，苹果公司从2005年开始手机业务开始挤占其他各类电子产品的市场份额，苹果投入研发具备手机功能的iPod，因此，iPhone诞生了。乔布斯在当年的发布会上表示："苹果重新定义了手机，iPhone的使用无须鼠标，动动手指即可实现多触点控制屏幕，这也是最具革命性的用户界面。"iPhone发布后，苹果延续了iTunes + iPod的运营方式，线上通过应用商店垄断手机应用的发行，线下销售苹果公司最流畅也是最好的设备产品。此外，苹果的iCloud帮助用户将照片、视频等各类数据连接至数据库，实现了多设备间的实时同步，增强了用户黏性，为消费者创造了更好的用户体验。而可穿戴设备 iWatch 可以收集用户的健康数据并传导至 iPhone，同样是实现了多设备间的同步与共享。

时至今日，苹果是全球市值最高的公司，同时也是一个倡导极致简约的公司。相比其他公司大量投资不同领域不同，苹果一直不忘初心，40 年来，苹果持续专注于为用户提供体验极佳的产品，将消费者牢牢抓在自己手里。

与此同时，现代智能手机及相关手机应用的标准和规范也多以 iPhone 为标杆，例如 iPhone 的诞生催生了打车应用 Uber。假如智能手机不曾面世，Facebook 的服务便只能依托个人计算机的浏览器，用户只会将其视作记录日记的单一工具，Twitter 也只能作为短信工具，用于告知他人身处何地，万维网称王的局面也就无从改变。

三、启　示

客户中心时代需要制造业重新定位产品创新体系。众多制造业经常需要集合力量为客户提供整体解决方案。然而，整体解决方案的提供需要的资源往往超出了单个制造企业的力量，经常需要企业与其他企业合作、共同完成。长期稳定的合作共赢成为诚信时代的战略要求，通过合作共赢形成商业生态系统，共同为客户提供稳定、高质量的产品和服务成为新的战略逻辑和创新支点。苹果在自身优质产品的基础上，以双边平台模式为基础，重新塑造了良好的创新生态系统，成为制造转型的典范。

第五章　企业是创新的主体

点　评

苹果是双边平台模式的典型地标，以优质产品与合作伙伴一起建立商业生态系统，为客户服务已经成为互联时代的重要范式。

思考题

1. 创新者与跟风者的区别在哪里？
2. 创新者如何改变世界？
3. 如何成为商业生态系统的中心企业？

| 创新驱动与经济高质量发展

中国手机的"蓝绿大厂":vivo 和 OPPO

一、背 景

近些年,随着国内智能手机市场蓬勃发展,手机品牌 vivo 及 OPPO 凭借强劲营销和产品升级进入了大众视野,由于 vivo 的品牌 logo 背景为蓝色,而 OPPO 为绿色,加之二者销量极其可观,因此被网友称为"蓝绿大厂"。2019 年上半年,权威数据统计机构 Trustdata 平台发布的数据显示,就国内手机市场而言,OPPO 的市场份额排名第一,为 23.4%,vivo 以 22.4% 的占额位列第二,将华为、小米乃至苹果等其他品牌甩在了身后。追根溯源,vivo 和 OPPO 都是拆分自步步高集团,这对蓝绿兄弟之所以迅速发展壮大,和他们的经营战略和品牌定位有着紧密的联系。

二、做 法

1. 扎根中小城市,向大城市辐射

OPPO、vivo 两大品牌都分化于步步高集团,而谈及步步高不得不提起段永平,段永平是现任步步高集团董事长,他曾因创立"小霸王"和"步步高"品牌而闻名,因此 OPPO 和 vivo 的品牌策

略相对类似，不约而同选择从中小城市入手，以线下实体门店的模式持续挖掘潜在客户群体。与此同时，两家品牌都不遗余力地通过邀请人气明星代言、冠名热播综艺以及在公共区域张贴醒目海报等宣传手段赢得年轻的消费者。

2. 与零售商共赢的盈利模式

出于对增加市场份额和利润收入的考量，OPPO 和 vivo 主动出击，积极维护与各地零售商的关系并提议与零售商达成共赢，这种分享利润的模式也帮助两家品牌顺利组建了活跃度高且用户黏性强的全国性销售网络。

3. 瞄准线下销售渠道

OPPO 的线下自建渠道构建起导购—督导—销售执行经理—区域销售经理的架构，层级分明的人员分工组成了高密度的销售网络，他们每天穿梭于各大卖场组织各种促销活动，极大地提高了效率，此外 OPPO 同样重视早晚高峰各类活动的组织，进而吸引消费者的注意力。vivo 则为了塑造品牌形象不断升级品牌旗舰店，以品牌概念店的创意设计增强了市场竞争力。

三、启 示

数据显示，苹果和 OPPO、vivo 的校园存量市场占有率排名前三，OPPO、vivo 的共同老板段永平曾说，我们为什么不提"创新"这个理念呢？因为创新很容易让人产生误解，为创新而创新，结果生产出的产品市场不接受，这样只会把自己做死。

| 创新驱动与经济高质量发展

点 评

　　构建企业文化还有一点是"平常心，欲速则不达"。创业者不要过于追求快速发展，而要追求安全，做什么事情都要慢慢地快。比如在高速公路上，你开车的速度由车况决定，你开车的目的是安全抵达目的地而不是快速抵达，所以如果不顾实际情况一味求快，就很可能出现危险。为求速度把企业做死是很不划算的。我们应该考虑得长远一些，朝着我们的目标努力，哪怕慢一点都没关系。

思考题

1. 创新的目的是什么？
2. 创新的节奏如何把握？
3. 构建组织的创新文化应该考虑哪些因素？

第六章　创新首在应用

我国经济稳中向好、长期向好的基本趋势没有改变。要坚定信心、保持定力，加快转变经济发展方式，把实体经济特别是制造业做实做强做优，推进5G、物联网、人工智能、工业互联网等新型基建投资，加大交通、水利、能源等领域投资力度，补齐农村基础设施和公共服务短板，着力解决发展不平衡不充分问题。要围绕产业链部署创新链、围绕创新链布局产业链，推动经济高质量发展迈出更大步伐。

——习近平总书记在陕西考察时的重要讲话（2020年4月）

商业银行智能化转型：中国工商银行的智慧银行

一、背　景

中国工商银行（简称工行）创立于1984年1月1日，多年来凭借优质的客户基础、多元化的业务结构、强劲的市场竞争力和创新能力连续六年蝉联美国《财富》500强商业银行榜首。从2017年开始，工行投入资金人才组建新技术研究团队向金融科技全面进军，多措并举进行"智慧银行"建设，2019年11月，工行发布智慧银行生态系统ECOS，以开放融合的原则构建跨界生态，推动了新时期工行的转型发展，开启了工行智慧银行建设的新篇章。

二、做　法

为助力科技与金融的融合，推动新时期银行的转型发展，近年来中国工商银行积极致力于建设和发展智慧银行。2019年8月，中国国际智能产业博览会在重庆举行，工行携众多智慧金融成果亮相，让参会者近距离体会线上线下一体化的智慧金融生活。展馆设立了智慧生活、国际化布局、普惠金融和智慧金融四块主题区域，并引入智能机器人、5G 手机银行、眼部智能检测、体感游戏等智能体验服务，带来了 ETC 一站式办理的金融科技创新技术和精细化管理的 MOVA 系统，以及"税 e 贷""e 抵快贷"等金融产品。

其一，自助发卡机。智能柜员机对客户的语音进行识别，并根据客户的办卡需要即刻制卡，此外，现场的智能机器人还可帮助客户实时、高效地办理其他业务。

其二，手机银行幸福生活版。出于对中老年客户群体智能手机操作难的考虑，中国工商银行为该群体打造了手机银行幸福生活版，集中了语音交互、智能分析、生物识别的前沿科技，设计出适宜中老年群体的业务流程，为其提供了享受移动金融服务的便利。

其三，商事登记全业务自助一体机。此一体机有别于之前两类，是工行携重庆市市场监督管理局共同推出的、旨在提升企业注册服务工作效率的智能设备，企业登记渠道多元化，纸质审核与电子审核并举，为企业提供一条龙式便利服务，极大地提高了企业和有关部门的办事效率。

其四，工享驿站。为搭建更具人文关怀的惠民服务体系，工享驿站在各营业网点设置共享性服务区域，为广大客户与群众提供可供休憩、充电和上网的场所与服务，让更多人感受到工行的"温度"。

三、启 示

当前，新一轮科技革命和产业变革加速演进，在为经济高质量发展提供充沛新动能的同时，也深刻改变着金融格局和生态。

工行在信息技术与传统业务融合的新起点上,深入推进金融科技的创新应用为新时代银行的高质量发展提供助力。

点 评

技术创新的难点除了技术之外,更重要的是市场应用。市场拉动是创新持续迭代的动力。创新总是更多地出现在技术和需求结合的地方。企业创新的过程也往往是利用新技术去解决业务中问题的过程。工商银行利用最新的 AI 技术,帮助我们解决这些难题,同时也获得了多项专利。

思考题

1. 传统组织如何有效认识新兴技术,如何将自身业务融合到新兴技术中?
2. 在开放融合的基础上如何叠加价值链、产品链,构建跨界场景?
3. 如何才能准确理解市场需求?面向需求拉动的创新有何不足?

用技术解决社会问题：百度责任创新计划

一、背景

当前，AI 时代的大幕业已拉开，纵观历史上几次重大科技革命，无一不催生出实力雄厚的知名企业。一个多世纪以前，电灯的发明以及随后的电气技术革新，令闻名世界的通用电气公司崛起。步入 20 世纪六七十年代，随着计算机的诞生及其相关应用和技术的开发，软件巨头微软公司异军突起，由此，人类开始进入互联网时代。视线转到国内，百度作为国内领头的互联网公司，在过去几年投入了数百亿元的资金进行研发，使其 AI 技术体系和产品集成臻于完善，Apollo 无人驾驶平台、Duer OS 语音操作系统等技术的开放更是引领全球科技潮流。与此同时，百度在无人驾驶领域的技术商业化也在加速落地。毫无疑问，百度这种基于自身优势技术的接续式产品创新会为业内企业乃至创业者带来新的构思与启发。

二、做法

在中国科学院科学传播局的指导下，2016 年 12 月，百度与联合国开发计划署联合启动责任创新计划暨"极·致未来"责任创新挑战赛,挑战赛主要关注环境、减灾、交通和扶贫四大领域,旨在激励创新,以科技力量应对挑战,解决社会问题,推动全球经济向前发展。赛后,百度于 2017 年再度联合联合国共同倡议责任创新,号召社会各界参与责任创新计划,并主张资源开放,鼓励创新者从点滴实践开始。

❖ 百度与联合国开发计划署(UNDP)共同发起,中国科学院科学传播指导"责任创新挑战赛"①

其一,AI 寻人:技术让归家路更暖心。在大数据的支撑下,通过百度的人脸识别技术将走失者的照片与民政部门及相关寻人组织的数据库进行比对,帮助走失者尽早归家,也可有效提升相关案件的侦破效率。目前,百度的 AI 寻人平台已助力侦破多起类似案件,使曾经破碎的家庭重新团聚。

其二,智能分拣机:果农的给力副手。智能分拣机是基于百度 PaddlePaddle 开源平台的深度学习模型而研发制造,辅之以机器

---

① 图片来源:百度官方微博。

学习与模型训练，培养机器对水果进行大小、光洁度、形状乃至颜色进行多方位判断的综合分析能力，进而实现精准快捷的水果分级。

其三，百度回收站：变废为宝妙妙屋。本项目由百度和联合国联合推出，将百度的用户群体与 TCL 奥博等正规拆解企业相连接，借助大数据技术分析处理行业数据，实现产业链条的良性闭环。

其四，唤醒城市的记忆：AR 再现北京城门。城市与人的关系同样需要依托科技，为了更好复原大众心中的城市记忆，百度利用 AR 技术还原了北京九大城门的风貌，并在穿越城门原址的地铁 2 号线设置百度 AR 专列，实现了城市与人之间的情感共通。

其五，DuLight 小明：盲者的科技之眼。依托"百度大脑"的图像识别、人脸识别、语音识别以及深度学习等相关核心技术，打造盲人的日常生活私人助理。结合百度大数据分析能力和自然人机交互技术，帮助盲人"洞见"真实世界，促进形成更具公平、更加和谐的社会。

此外，为促进中小企业孵化，推动传统企业转型，由政府、百度和第三方运营中心在部分城市创建百度创新中心，中心依托百度的品牌影响力和强大的资源整合能力，结合政府的保障性政策，集结资金和人才，为城市产业和企业赋能，同时通过项目孵化，为城市打造一批高新企业，这些高科技企业也会在百度创新中心的一站式配套服务中得到全方位的支持，实现做大做强的发展目标。

三、启　示

创新的本质是利用新的技术解决问题的过程。这些问题不仅包括企业经营活动中的问题,也包括社会问题和环境问题。这种利用新技术解决社会问题和环境问题的创新,被称为可持续创新或包容性创新。例如,利用技术解决养老问题、贫困问题、环境治理问题等。百度利用自身的技术优势努力解决社会问题的丰富实践为我们展现了技术创新在社会发展过程中的巨大推动作用。

点 评

社会问题的解决也是创新的重要领域,案例充分展示了企业的社会责任也是推动创新的重要动力,是企业创新的重要源头。

思考题

1. 如何利用创新周期提升自身的发展速度?
2. 面向社会问题的技术创新如何提升企业绩效?
3. 我们需要什么样的制度体系来激发致力于解决社会和环境问题的创新?

创新驱动与经济高质量发展

中国（陕西）自由贸易试验区的165项创新应用

一、背　景

2016年8月底，作为国内第三批以及西北区域第一个自贸区，中国（陕西）自由贸易试验区经党中央、国务院批准设立，并于2017年4月初正式揭牌运营，包括中心片区、国际港务区片区和杨凌示范区片区三大片区，总面积达119.95平方公里。2018年，陕西自贸区进出口总额共计2 649.79亿元，占全省进出口总额的3/4。

❖ 中国（陕西）自贸区实景

2020年4月9日，陕西省政府新闻办召开发布会，介绍了陕西自贸区三周年改革创新成果相关情况，会上表示，三年来，陕西省自贸区总体方案中确定的165项试点任务基本完成，累计形成创新案例370个，其中16项创新成果在全国复制推广或得到国务院和相关部委通报表扬，53项改革创新成果在全省复制推广。

二、做　法

1. 转变政府职能，创新政府管理模式

自陕西自贸区挂牌以来，不断推进转变政府职能，积极推进企业工商注册登记"一口受理、并联审批"和全程电子化建设，打造商务秘书和"集群注册"服务，将原本需要5~7个工作日的企业注册登记办理流程时间缩短为3个工作日内；深入落实"证照分离"改革，在全区累计推进100项改革任务。同时，不断深化相对集中行政许可权和处罚权的改革。在各片区设置行政审批、市场监管专门机构，建立起"一枚公章管审批、一支队伍管执法"的管理新模式。

2. 深入企业合作，加强知识产权保护

关于税收服务的创新办法，陕西自贸区实行容缺受理机制，与腾讯、阿里巴巴等开展合作，力促办税渠道多元化，纳税人不仅可以大厅办，还能选择手机办、网上办等多种途径；建立知识产权运营服务中心，为企业提供专利信息、维权援助等一系列服务；建立中国（西安）知识产权保护中心，建立自贸区跨部门知识产权执法协作机制。

3. 注重国际化发展，打造国际一流营商环境

2018年底，在全国自贸区"十大新闻"和"十大创新成果"评比中，陕西自贸区有2条新闻、2项创新成果进入评选，位居前列。2018年11月23日，国务院印发《关于支持自由贸易试验区深化改革创新若干措施的通知》，明确表示，支持西安机场利用第五航权。2019年5月，陕西正式开通首尔—西安—河内全货运航线，这也是陕西首条第五航权航线。自此，陕西咸阳国际机场客货运航线总计347条，国际航线占比近五成，与全球29个国家的55座城市相贯通，逐渐形成"丝路贯通、直达欧美、五洲相连"的国际航线格局。

三、启 示

陕西自贸试验区挂牌以来，通过一系列改革创新举措，打造国际一流的营商环境，促进各类要素流通集聚，激发市场主体活力，对陕西外向型经济发展的贡献日益凸显。目前，陕西自贸试验区国际贸易"单一窗口"主要功能覆盖率达到100%，西安咸阳国际机场旅客吞吐量居全国十大机场第七位、国际旅客增速和航空货邮增速位列第一位，中欧班列"长安号"开行量、重载率、货运量全国领先。下一步，陕西自贸试验区将"持续推进试点任务深化、认真制定自贸试验区深化改革开放方案、深入推进差别化改革和创新案例培育"，进一步扎实推进改革开放，加快推动高质量发展。

点评

自贸区战略是 2012 年以来提出的首个重大战略，一经出台就引起国内外高度聚焦与关注。根据《国务院关于推广中国（上海）自由贸易试验区可复制改革试点经验的通知》（国发〔2014〕65 号），上海自贸区的主要改革成果体现在"建立以负面清单管理为核心的外商投资管理制度、以贸易便利化为重点的贸易监管制度、以资本项目可兑换和金融服务业开放为目标的金融创新制度、以政府职能转变为核心的事中事后监管制度等方面"。

思考题

1. 对陕西省推进自贸协同创新发展区工作，你有什么想法？
2. 自贸区的改革创新对于你所在的组织有什么启示？

第七章　创新的"四个面向"

　　我国经济社会发展和民生改善比过去任何时候都更加需要科学技术解决方案，都更加需要增强创新这个第一动力。我国广大科学家和科技工作者有信心、有意志、有能力登上科学高峰。希望广大科学家和科技工作者肩负起历史责任，坚持面向世界科技前沿、面向经济主战场、面向国家重大需求、面向人民生命健康，不断向科学技术广度和深度进军。

　　——习近平总书记《在科学家座谈会上的讲话》（2020年9月11日）

中国科学院"率先行动"计划

一、背　景

2013年7月17日，习近平总书记到中国科学院考察工作并提出，中国科学院要牢记责任，率先实现科学技术跨越发展，率先建成国家创新人才高地，率先建成国家高水平科技智库，率先建设国际一流科研机构。2014年7月7日，国家科技体制改革和创新体系建设领导小组第七次会议审议通过了《中国科学院"率先行动"计划暨全面深化改革纲要》（以下简称"率先行动"计划）。8月8日，习近平总书记对中国科学院"率先行动"计划作出重要批示，认为有目标、有思路、有举措、有部署，要求中科院抓好落实，早日使构想变为现实，为把我国建成世界科技强国做出贡献。"四个率先"分别是：率先实现科学技术跨越发展、率先建成国家创新人才高地、率先建成国家高水平科技智库、率先建设国际一流科研机构。

❖ "率先行动"计划"两步走"发展战略

二、做 法

1. 明确立足当前，着眼未来的发展目标

"率先行动"计划分为两步走：到 2020 年基本实现，到 2030 年全面实现。目标是到 2020 年，基本完成分类定位、分类管理的体制机制设计，开展四类科研机构建设试点；到 2030 年，形成相对成熟定型、动态调整优化的中国特色现代科研院所治理体系，建成一批具有重要影响力、吸引力和竞争力的国际一流科研机构，在部分优势学科领域形成 5 至 10 个具有鲜明学术特色的世界级科学研究中心，成为我国科学技术跨越发展和创新型国家建设的标志性成果。

2. 落实"四个面向"，做创新驱动的"领跑者"

"率先行动"计划围绕全局性、根本性、关键性重大问题，以推进研究所分类改革为突破口，明确定位，创新体制，整合机构，瘦身健体；以调整优化科研布局为着力点，聚焦重点，协同创新，引领跨越，支撑发展；深化人才人事制度改革，创新科技智库体制机制，扩大对外开放合作，大幅提升创新主体活力，大幅提升科技创新能力，大幅提升服务和促进经济社会发展能力。具体举措涉及5个方面：一是推进研究所分类改革，对现有科研机构按四类进行分类定位，构建适应国家发展要求、有利于重大成果产出的现代科研院所治理体系。二是调整优化科研布局，进一步把重点科研力量集中到国家战略需求和世界科技前沿。三是深化人才人事制度改革，建设国家创新人才高地。四是探索智库建设的新体制，强化产出导向，建设国家高水平科技智库。五是深入实施开放兴院战略，全面扩大开放合作，提升科技服务和支撑能力。

3. 打破围墙产，克服瓶颈，响应科学精神，彰显担当作为

中科院的"率先行动"计划力争突破壁垒寻求突破。目前中科院为推动我国空间科学的发展，组织3个研究机构攻坚克难。其中，国家空间科学中心负责实施科学卫星计划，空间应用工程与技术中心负责实施载人航天应用领域的任务，国家天文台负责实施嫦娥工程中的科学应用等任务。三个独立法人单位在研究过程中，缺乏有效沟通渠道，为了加强各部门沟通交流，中科院特别成立空间科学创新研究院，以此打破沟通屏障，实施统一管理、统一调配、重点突破。作为国家科研重地，中科院不忘初心、不负使命，早日拿下战略必争之地。

三、启　示

面向世界科技前沿，掌握世界前沿技术是原型性创新的根本保障。国家创新系统理论指出，瓶颈技术的突破成为塑造产业竞争力的根本路径。基础科学研究是技术突破的根基，也是国家创新竞争力的长期根源。面向世界前沿技术，开展关键技术研发和基础科学研究，是赢得未来竞争和塑造全球创新竞争力的根本路径。

点　评

　　本章很好地阐释了面向世界科技前沿的要求，面向科技前沿，敢于攻克世界级难题是提升国家创新竞争力的重要支撑，是赢得全球竞争的根本保障。"率先行动"计划立足当前，着眼长远，提出按照创新研究院、卓越创新中心、大科学研究中心、特色研究所等四种类型，对现有科研机构进行分类改革。

思考题

　　1. 科技创新的改革方向在哪里？如何通过改革建设国际一流科研机构？

　　2. 国家重大需求指的是什么？如何将国家战略与自身创新、自身产业相融合？

第七章 创新的"四个面向"

京东方的世界屏：供给侧改革的成功案例

一、背 景

2016年1月18日，习近平总书记在省部级主要领导干部学习贯彻党的十八届五中全会精神专题研讨班上指出："元旦过后，我到重庆看了一家公司，他们生产的薄膜晶体管液晶显示器就是供给侧改革的成功案例。"世界上每四台平板就有一块京东方屏，中国已发展成为全球消费电子产品的最大生产基地和消费市场。

京东方科技集团股份有限公司（BOE）创立于1993年4月，是一家为信息交互和人类健康提供智慧端口产品和专业服务的物联网公司。主要业务涵盖端口器件、智慧物联和智慧医工。京东方的前身是北京电子管厂（也称744厂），曾是中国最大最强的电子元器件厂，也是中国"一五"时期的重点工程。因缺乏创新思维，加之全球电子技术迅猛发展，半导体技术逐步占领市场份额，北京电子管厂曾濒临破产。

二、做 法

京东方如何完成自我救赎？汤森路透《2016全球创新报告》

显示，京东方已成为半导体领域的领导者。2018年，京东方专利申请量新增9 585件，其中发明专利超90%，累计可使用专利超7万件。美国商业专利数据显示，2018年BOE（京东方）美国专利授权量全球排名第17位，成为美国IFI Claims TOP20中增速最快的企业。世界知识产权组织（WIPO）发布2018年全球国际专利申请（PCT）情况，BOE（京东方）以1 813件PCT申请位列全球第七。根据市场咨询机构IHS数据，2018年BOE（京东方）液晶显示屏出货数量约占全球25%，总出货量全球第一。2019年第一季度，BOE（京东方）智能手机液晶显示屏、平板电脑显示屏、笔记本电脑显示屏、显示器显示屏、电视显示屏出货量均位列全球第一。京东方抢眼的业绩表现背后，是其在供给侧改革方面采取的一系列有力措施。

1. 创新企业形态，发展战略转型升级

为了完成战略转型，京东方加快推进显示和传感器件（Display and Sensor Device Business）、智慧系统（Smart System Business）和健康服务（Healthcare Service Business）三大板块转型，即"DSH"战略。而2016年7月，BOE（京东方）正式升级企业定位，即由半导体显示技术、产品和服务提供商加速转型为物联网技术、产品和服务提供商。

市场的需求就是企业发展的源动力。京东方围绕核心业务——显示和传感、智慧系统、健康服务三大事业群，建立起大物联网战略，占领全球空白点。2014年，京东方调整组织架构，开发新事业单元，主要涉及企业形态、组织架构、思维模式上的转变，以及全新的战略体系变革、业务形态、外延扩展和组织支撑等方面。

2. 加强合作，研究需求，提供高品质产品

京东方的理念是为客户提供整套的解决方案。通过与中央美院的合作，中央美院可以将每年所有的展览推送到所有会员的终端上，而且不可拷贝。基于中央美院的会员服务机制，京东方通过云服务平台，以终端产品作为载体，提升客户满意度。同时京东方特别强调不靠价格战来伤害产业链的利益和未来发展，这很好地保护了整体生态产业。据了解，京东方现存在的问题主要是智慧系统和健康服务在整体产业中的占比较低，尚难发挥辐射作用，需加大此业务的研发工作。

3. 站在世界前沿谈创新，缩短未来与研发的距离

8K 作为新兴技术，京东方紧跟潮流，将战略方针调整为推广 8K 产业。通过评估整体产业情况，京东方预计 2022 年 8K 的渗透率将达到 22%。京东方制定"8425"战略，即推广 8K，普及 4K，替代 2K，用好 5G。为更好地迎合市场需求，2015 年，京东方在合肥投资建设全球首条"10.5 代"线，该项目原预计 2018 年投产，但在 2017 年 12 月 20 日，这条全球首条最高世代生产线已提前投产。

柔性显示作为未来电子领域的必争之地，京东方已全面布局。屏的电子柔性问题现在已经解决，下一阶段将着手解决柔性传感、柔性电池、无线充电技术等，未来这些技术将使电子产品有质的飞跃。期待京东方在大物联网战略下，不断推动技术进步，完成企业形态的华丽转型。

三、启　示

面向经济主战场是科技创新的重要使命。2013 年，4K 电视才

创新驱动与经济高质量发展

刚刚走进人们的视线，2013年11月，京东方研发的全球首款98英寸8K显示屏面世，并于次年6月亮相业内最具影响力的美国显示周，成为全球焦点。除了自主研发之外，京东方还建立了面向社会开放的创客中心，大力扶持创客。显示行业是战略性产业，也是长期国内供给短缺的高科技行业。在经济主战场上，能否实现高端液晶面板的国产化是中国显示产业突围的关键所在。京东方以科技创新为基础，扭转了经济主战场上的被动局面。

点 评

因为包容创新，所以越挫越勇；因为勇于创新，所以成就伟大。这就是京东方的创新故事。

思考题

1. 如何选择经济主战场需要的创新项目？研发投入和市场发展的关系应该如何协调处理？
2. 在你的组织是否能设置允许创新的失败？
3. 如何发挥市场和政府在推动创新过程中的作用？

中国超级计算机产业的崛起

一、背 景

超级计算机（Super Computer）是指通过超大的存储容量和超强的运算能力，完成普通电脑无法运算的高速计算的电脑。超级计算机的电脑结构和普通电脑大致相同，但在性能和规模方面有较大差异，可以在特殊领域高速处理普通电脑无法处理的工作。

二、做 法

中国在超级计算机研究方面加大投入，快速发展，超级计算机水平处于国际先进水平。2011年中国拥有世界最快的500个超级计算机中的74个。中国在1983年就研制出第一台超级计算机"银河一号"，使中国成为继美国、日本之后第三个能独立设计和研制超级计算机的国家。中国以国产微处理器为基础制造出本国第一台超级计算机命名为"神威蓝光"，2016年6月TOP500组织发布的世界超级计算机500强榜单中，"神威·太湖之光"超级计算机和"天河二号"超级计算机位居前两位。

创新驱动与经济高质量发展

2016-2020全球超级计算机500强上榜总数比较

	中国	美国
2016年11月	171	171
2017年11月	202	144
2018年11月	227	109
2019年11月	228	117
2020年6月	226	114

*数据来源：百度百科

❖ 全球超级计算机500强上榜总数比较

中国在超级计算领域迅速崛起。美国作为统治超级计算机市场多年的霸主，在超级计算机领域有强大的话语权。但从2018年上半年发布的全球超级计算机500强榜单中可以看出，中国制造的超级计算机的运算速度远超美国。在超级计算机量产排行榜中，6月25日发布的榜单显示，中国企业和政府制造的超级计算机在500强榜单中占206台，成为最高产的超级计算机制造者。上榜的超级计算机中124台由美国企业和政府设计与制造。超级计算（以下简称"超算"）是中国在技术领域迅速崛起的一个缩影，这种超越使美国开始重新评估超级计算机的发展战略，引发了美国对中国的宏伟计划和策略以及这些进步的潜在经济和地缘政治影响的担忧，因此也产生了其他领域的贸易摩擦。

中国超算走向"绿色"。在超级计算机能效排名中，两台由中科曙光开发的超算位列"绿色超算500强"前10名。2015年底到2016年底，中国超算曾三次进入"绿色超算"十强，此后该排名一直由日本、美国和瑞士等国占据。最新公布的榜单中，排名第一的是日本的"菖蒲系统B"，中科曙光的HKVDP系统和"先进计算系统 Pre-E"分列第六和第十名。超级计算机的"下一顶皇冠"将是 E 级超算,即每秒可进行百亿亿次运算的超级计算机。要实现这一目标,超算系统在规模、扩展性、成本、能耗、可靠性等方面均面临挑战。

大数据时代,超级计算机将会在未来信息化发展中大放光彩。超级计算机将应用于医学制药、先进制造、人工智能等领域,在人工智能、深入学习、生物医药、基因工程、金融分析等新兴领域也有大量的应用。超级计算机将解决重大的科学与应用领域的关键问题,加快推进相关领域的快速发展。

超级计算机作为一国信息化的一种重要体现,首先会在国防科技、工业化、航天卫星等领域发挥重要作用,其次会在诸如气象、物理、探测等领域显现出它的优势。依靠强大的数据处理能力和高速的运算能力,未来的超级计算机将会是大数据时代的重要工具。而且会进一步普及到我们的日常生活中来,为我们的社会发展作出巨大贡献。

三、启　示

中国梦和个人梦想合二为一,必将产生巨大合力,推动科技的飞速进步。超级计算机是推动科技创新与产业发展的"超级利器",为建设科技强国提供有力保障。在之前很长一段时间,中国在超级计算机方面一直属于跟跑状态。从"追逐者"变成"引领者",2010 年 11 月,中国的超级计算机"天河一号"以每秒 2 570 万亿次的实测运算速度雄踞世界第一,成为全球最快的超级计算机。它运算 1 小时的计算量,需要全国 13 亿人同时计算 340 年以上。"天河一号"的横空出世,实现了中国自主研制超级计算机综

| 创新驱动与经济高质量发展

合技术水平进入世界领先行列的历史性突破。

点 评

> 面向国家重大需求是科技创新的重要战略方向。伴随新一代信息技术的扩散,我们已经进入数字化时代。超级计算成为数字化时代众多产业发展的重要支点和国家重大需求。案例充分展示了面向经济主战场的重要性,嵌入在经济主战场中的科技创新采用真正的长远发展,中国超算产业的发展得益于中国互联网和大数据产业的快速发展带来的巨大需求,为超算产业发展奠定了坚实基础。

思考题

1. 为什么中国超算能够超过其他国家?
2. 如何根据经济市场主战场定位高科技项目?
3. 创新产品如何为科技强国提供有力保障?

第八章　正确处理好创新与就业协调发展

　　这里，我还想强调一下，就是在加快实施创新驱动发展战略的过程中要处理好创新和就业关系。我国发展面临双重矛盾，一方面要加快创新、形成新的增长动力，另一方面加快创新必然引起落后企业关停并转，带来相当数量的失业。有人说，现在是科技进步和教育在赛跑，结果是科技跑赢了，教育跑输了。科技进步和创新创造了很多新的业态，但劳动力难以适应，造成了大量结构性失业。我们必须从我国人口众多的国情出发，我们还处于社会主义初级阶段，还是一个发展中国家，还有很多贫困人口。要把握好科技创新和稳定就业的平衡点，既要坚定不移加快创新，也要实施有效的社会政策特别是教育和社保政策，解决增强劳动人口就业能力和保障基本生活问题，确保社会大局稳定。

　　——习近平总书记在中央财经领导小组第七次会议上的讲话（2014年8月）

贵州大数据电子信息产业带动区域经济发展

一、背　景

作为全国首个大数据综合试验区，贵州省委省政府把大数据作为后发赶超的路径选择，集聚共享数据，重在应用数据，率先在政务服务、社会治理等领域掀起一场技术换代、理念更新的深刻变革。大数据共享开放，使政府治理行为更加"可视化"，使权力行使不任性。数据留痕，不仅仅促进了公权力在阳光下运行，还为公共事务管理提供了"智慧支持"。大数据的集聚共享，让决策、办事更科学高效。大数据的开发利用，让民生服务更加便捷。

二、做　法

种下智慧树，引来金凤凰。贵州地处西南腹地，区域经济较为落后，教育资源不足，优秀人才大量"输出"。自从 2014 年贵州开始发展大数据产业后，这种情况逐渐"逆转"，整体教育环境和营商环境的改变吸引了大量科技人才。根据《中国大数据发展报告（2017 年）》显示，贵州已经和上海、浙江共同成为全国大数据人才流入意向最高的地区。2018 年，贵州省出台人才引进政策，

创新驱动与经济高质量发展

吸引了 2 000 多名大数据骨干人才，新建大数据及相关业态博士后流动（工作）站 5 个，引进院士及其人才团队 10 人，为贵州发展奠定了坚实的领军人才基础。此外，贵州积极与中国科学院、中国工程院等科研单位组建大数据发展智库，为国家提供产业发展的决策信息。大数据产业的变革彻底激活了贵州的经济活力，一大批世界知名企业纷纷来到贵州发展，这其中不乏苹果、微软、戴尔、惠普、英特尔等世界知名企业以及阿里巴巴、华为、腾讯、百度、京东等全国大数据知名企业。

找到"钻石矿"，挖出新财富。世界正在进入以大数据技术应用为代表的"数文明"时代。当政府、企业、个人的行为和决策都在并不断数字化的时候，大数据就成为驱动传统方式升级必不可少的新动能，要想赢得新的发展空间，缺"数"不可。互联网金融、跨境电商、智慧旅游、智慧交通、智慧农业、远程教育医疗、网络约车、移动支付等新生态产业已快速融入百姓的日常生活中。企业深知大数据背后蕴藏的潜力。在贵州，华为正在建设产值规模超 4 000 亿元年产 1.5 亿台智能终端及 50 万台服务器基地。科大讯飞将投资 2 亿元，打造智能语音云呼叫产业基地。2014 年以来贵州数字经济增速持续领跑全国，2018 年全省软件和信息技术服务业收入同比增长 31.8%；信息服务和软件业务收入同比增长 23.4%，高于全国平均 5.3 个百分点；电信业务总量同比增长 165.5%，电信业务收入同比增长 10.1%，增速连续 23 个月排名全国第一；网络零售额同比增长 37.9%；电子信息制造业增加值同比增长 11.2%。大数据相关产业已经成为支撑贵州经济增长的重要因素。

近年，随着贵州旅游人数的持续增长，每年到贵州旅游的人数以超过 30% 的速度增长，智慧旅游让贵州的旅游业变得智慧起来。因"智慧百里杜鹃"大数据平台的应用，平台将数据分析、方案策划、景区管理等信息在云上进行算法处理，人工智能辅助管理，2019年清明小长假3万余辆车和近20万名游客涌入毕节市百里杜鹃景区，但几乎没有发生拥堵现象，游客的旅游体验得到了极大的改善。

2019年上半年，贵州大数据电子信息产业发展良好，全省规模以上软件和信息技术服务业（1 000万口径）收入同比增长27.4%，高于年度目标（18%）9.4个百分点；纳入工信部监测统计的软件和信息技术服务业（500万口径）软件业务收入同比增长24.9%；规模以上电子信息制造业增加值同比增长22.4%；电信业务总量同比增长105.1%；网络零售额同比增长28.4%。

三、启 示

产业集群理论认为，单个企业的创新能力是有限的，地理上的集群能够为创新创造更有利的外部环境。产业集群通过集群内的知识共享和细化产业创新分工，形成创新系统，从而提高了创新能力和抗风险能力。地区创新发展需要选择能够发挥自身在地理、人文、科技、自然资源方面优势的产业，并塑造产业集群。贵州在大数据产业集群方面的选择和发展是个典范。

| 创新驱动与经济高质量发展

点 评

　　本章揭示了产业集群对创新驱动以及区域经济发展的重要性。围绕关键技术路线集中建设产业集群，能够有效降低单个企业创新遇到的困难，提高单个企业创新之间的协同效应。通过提高集群内部的协同效应和技术溢出效应，能够有效地促进整个集群的创新发展。

思考题

　　1. 当前各部门的数据孤岛是怎样形成的？
　　2. 推进不同部门之间的共享数据业务，流程业务应该建立怎样的机制？
　　3. 根据产业集群的要求，应该如何确定招商策略？如何选择产业集群的中心企业？

第八章 正确处理好创新与就业协调发展

中国创新创业大赛：科技创新，成就大业

一、背　景

中国创新创业大赛是由科技部、财政部、教育部、国家网信办和中华全国工商业联合会共同指导举办的一项以"科技创新，成就大业"为主题的全国性创业比赛。大赛秉承"政府主导、公益支持、市场机制"的模式，既有效发挥了政府的统筹引导能力，又最大化聚合激发了市场活力。以大赛为纽带，整合创新创业资源，增进全国创新创业文化，培育新一代信息技术产业，发现基于新思维的新技术、新产品、新业态和新模式，强化以赛促产，探寻"创新创业"促进传统产业转型升级的创新方案，打造一支富有活力、具备潜力、具有影响力与号召力的创新创业人才队伍，营造有利于经济发展的良好氛围。

❖ 创新创业大赛海报

二、做　法

2012年7月5日,"2012(首届)中国创新创业大赛"在北京正式启动。本次比赛共吸引4 411家企业和1 557家团队报名参赛,比赛邀请近600名创业投资专家参与评选,获奖项目将获得不同程度的投资。经过初赛、复赛、分区决赛三轮比拼,共评选出大赛优秀企业226家和优秀团队20家,其中选拔出68家企业团队入选全国总决赛。总决赛的颁奖典礼上部分大赛优秀企业获得了招商银行创新创业扶持资金、创投资金和科技计划项目的支持。另有162家企业得到了招商银行的授信,总额度超过17亿元,实际贷款近9亿元。

2019年8月30日,由科技部火炬中心、国防科工局信息中心、四川省科技厅、绵阳市人民政府共同举办的"2019中国创新创业大赛技术融合专业赛(绵阳协同创新大赛)"在四川绵阳落幕。柏睿数据凭借全内存分布式数据库RapidsDB从500余个项目中脱颖而出,斩获三等奖。

创新是社会进步的灵魂,创业是时代发展的主题。绵阳协同创新大赛致力于搭建共享创新资源、交流创新技术的平台,吸引了一大批意气风发的创业者在此汇聚,一大批奇思妙想的创新产品在此展示,必将进一步激荡思想智慧、点燃创业激情、实现合作共赢。绵阳是中国唯一的科技城,也是本次专业赛的"主场",绵阳市政府着力于推动创新资源、创新技术、创新成果的转移转化,营造良好的创新创业生态环境。以创新创业为载体,全面赋能产业发展,为目前智能时代发展过程中亟须解决的问题寻找突破口。

三、启 示

技术进步是经济增长最根本的动力，是解决有限资源条件下社会福利最大化的根本路径。大众创业、万众创新是创新发展的重要战略。然而，全球创业观察的调研显示，中国创业活动中只有3%属于技术型创业，60%以上的创业活动集中在批发和零售行业。技术型创业体现出很强的迭代学习特征，如何降低迭代成本是能否推动技术型创业的重要因素。创新创业大赛是科技项目以较低成本进行检验的重要方式。

点 评

> 为落实党中央、国务院提出的大众创业、万众创新的重大部署，深入实施创新驱动发展战略，中国创新创业大赛（以下简称"大赛"）聚集和整合各种创新创业资源，引导社会各界力量支持创新创业，搭建服务创新创业的平台，弘扬创新创业文化，激发全民创新创业的热情，掀起创新创业的热潮，打造推动经济发展和转型升级的强劲引擎。

思考题

1. 如何将此类大赛变成社会科技创新的发动机？如何建立转化资源链？

2. 此类活动需要搭建怎样的平台实现服务企业、实现全要素服务？

3. 创新创业项目如何能组织得更好？

新兴消费经济：疫情期间农产品的直播销售

一、背　景

2020年初，新冠肺炎疫情的爆发限制了人们出行的脚步，电子商务与线上会议成为人们不可或缺的生活态势，消费方式的转变促进了新兴消费经济的二次崛起。网购、直播、在线办公、在线问诊、在线教育等场景从线下转移至线上，互联网经济红利不断释放，刺激着疫情期间的企业转型。

2月16日出版的2020年第4期《求是》杂志发表中共中央总书记、国家主席、中央军委主席习近平的重要文章《在中央政治局常委会会议研究应对新型冠状病毒性肺炎疫情工作时的讲话》。文章强调：扩大消费是对冲疫情影响的重要着力点之一。要加快新基建的建设进度，形成更多特色鲜明、亮点突出、可复制可推广的5G应用场景，以疫情期间5G技术在医疗、教育的应用为契机，抓住5G在网络教育、在线医疗、远程办公等业务发展机遇，进一步丰富应用场景，着力培育用户消费习惯，持续深化娱乐、在线消费等传统应用，促进信息消费升级。

创新驱动与经济高质量发展

二、做　法

疫情期间，传统供销渠道受阻，不少地区农产品滞销。新冠肺炎疫情带来冲击的同时，也给农产品电商带来了新的发展机遇。农产品电商模式创新步入新的发展时期，农产品的直播销售加快了农产品电商的数字化转型。在农村，手机成了"新农具"，农户们作为自家产品代言人，通过网络直播平台，进行农产品的销售。直播带货成了"宅"家购物的必备品，疫情下农产品生鲜电商出现了哪些新机遇？

❖ 陕西省泾阳县云阳镇大力发展农副产品电商经济

114

第八章 正确处理好创新与就业协调发展

1. 企业助力搭桥，农产品电商快速兴起

为解决农产品滞销问题，淘宝率先上线"吃货助农"专场销售，通过移动终端销售农产品。销售专场前三天时间以网络直播方式就销售农产品超过 300 万斤，帮助山东、四川、浙江、辽宁等六省销售十余款滞销优质农产品。疫情期间，京东通过京东到家，帮助农户销售农产品。京东到家数据显示，春节防疫期间，全平台销售额相比去年同期增长 470%。除夕至大年初六，蔬菜销售额相比去年增长了 510%，水果同比增长超 300%，鸡蛋增长 770%。微信小程序官方数据则显示，除夕至大年初七，小程序生鲜果蔬业态交易笔数增长 149%，社区电商业态交易笔数增长 322%。

2. 政府授人以渔，开展在线电商培训

让农户了解最新的电商知识，不断提高农民的线上经营理念，有利于促进农业电商在农村的迅速发展。2020 年 3 月，河南省商务厅与阿里巴巴集团联合举办全省抗"疫"助农电商培训公益课，阿里巴巴作为河南省人民政府战略合作伙伴，积极推动在线电商培训，通过在线会议形式，组织 6 000 多名农户参与此次电商学习培训，熟练掌握线上营销的知识和技巧。网上贸易这种方式与传统交易形式相比，可以不受时间和地域的限制，其信息传播速度快，内容及时、丰富、图文声像并茂，并有良好的交互性，逐渐被农民朋友所认可。

3. 顺应趋势，向数字化转型

中国互联网络信息中心的统计显示，2019 年，我国农村网民规模达到 2.22 亿，网民中使用手机上网的比例已升至 98.6%，移

创新驱动与经济高质量发展

动终端已成为农民解决农业问题和了解市场信息需求的最主要方式。

三、启 示

2018 年以来我国居民消费保持平稳较快增长态势，为保持经济平稳运行发挥了"压舱石"的重要作用。其中，消费新业态、新模式发展迅速，实物商品消费提档升级，服务消费增速明显，对经济发展的基础性作用进一步增强。未来将扩大居民消费工作，推动居民消费扩大升级。借助社会力量增加医疗、养老、教育、文化、体育等服务供给，完善质量标准体系，提升产品和服务水平。

点 评

加强信用、监管等市场体系建设，营造良好消费市场环境。加强商贸流通网络建设，推动大数据、云计算、物联网等在消费领域的广泛应用。

思考题

1. 我国信息基础设施尚未建立，尤其是农村地区。请思考如何释放农村消费能力？

2. 当前陕西省旅游消费产品结构不够合理，传统观光旅游产品占据主导地位，如何通过新兴消费经济扩大文旅产业规模？

第九章　创新要发挥举国体制优势

　　落实创新驱动发展战略，必须把重要领域的科技创新摆在更加突出的地位，实施一批关系国家全局和长远的重大科技项目。这既有利于我国在战略必争领域打破重大关键核心技术受制于人的局面，更有利于开辟新的产业发展方向和重点领域、培育新的经济增长点。二〇一四年八月，我们确定要抓紧实施已有的十六个国家科技重大专项，进一步聚焦目标、突出重点，攻克高端通用芯片、基层电路装备、宽带移动通信、高档数控机床、核电站、新药创制等关键核心技术，加快形成若干战略性技术和战略性产品，培育新型产业。在此基础上，以二〇三〇年为时间节点，再选择一批体现国家战略意图的重大科技项目，力争有所突破。从更长远的战略需求出发，我们坚持有所为有所不为，在航空发动机、量子通信、智能制造和机器人、深空深海探测、重点新材料、脑科学、健康保障等领域再部署一批体现国家战略意图的重大科技项目。已经部署的项目和新部署的项目要形成梯次接续的系统布局，发挥市场经济条件下新型举国体制优势，集中力量、协同攻关，为攀登战略制高点、提高我国综合竞争力、保障国家安全提供支撑。

　　——《关于〈中共中央关于制定国民经济和社会发展第十三个五年规划的建议〉的说明》（2015 年 10 月）

港珠澳大桥：干一件事追求多重效果

一、背 景

2018年10月23日上午，港珠澳大桥开通仪式在广东珠海举行。习近平总书记出席开通仪式并宣布港珠澳大桥正式开通。习总书记强调：港珠澳大桥的建设创下多项世界之最，非常了不起，体现了一个国家逢山开路、遇水架桥的奋斗精神，体现了我国的综合国力、自主创新能力，体现了勇创世界一流的民族志气。这是一座圆梦桥、同心桥、自信桥、复兴桥。大桥建成通车，进一步坚定了我们对中国特色社会主义的道路自信、理论自信、制度自信、文化自信，充分说明社会主义是干出来的，新时代也是干出来的！对港珠澳大桥这样的重大工程，既要高质量建设好，全力打造精品工程、样板工程、平安工程、廉洁工程，又要用好管好大桥，为粤港澳大湾区建设发挥重要作用。

二、做 法

港珠澳大桥是"一国两制"框架下、粤港澳三地首次合作共建的超大型跨海通道，连接香港、珠海和澳门。港珠澳大桥于2009年12月动工建设；于2017年7月7日实现主体工程全线贯

创新驱动与经济高质量发展

通；于2018年2月6日完成主体工程验收。2018年10月24日上午9时开通运营。

❖ 港珠澳大桥实景①

港珠澳大桥从建设之初就备受关注，那么它的魅力究竟在哪里？

首先，港珠澳大桥创下多项世界之最，是人类桥梁史上的重要篇章。

港珠澳大桥创造了世界公路建设史上的一个新的奇迹。它是总体跨度最长的跨海大桥——全长55公里，设计使用寿命120年，通车后三地车程仅半小时，为原来时长的1/6。拥有世界上最长的海底沉管隧道——海底隧道深埋部分长5 664米，由33节钢筋混凝土结构的沉管对接而成，全新的"半刚性"沉管结构，让"滴水不漏"在世界上第一次实现；它拥有最大断面的公路隧道——其

---

① 图片来源：港珠澳大桥管理局。

核心控制性工程拱北隧道是世界上最大断面的公路隧道，采用双向六车道设计，全长2 741米；建设团队启用了世界上最大的八项震锤——它能够吊起1 600吨的重物，在它的帮助下，团队在世界范围内首次使用深插式钢圆筒快速成岛技术，并实现了最精准的"深海之吻"。此外，港珠澳大桥还创造了最长的钢结构桥梁、最大节沉管、最大橡胶隔震支座等"世界之最"。

超级工程的背后，是一个又一个的超级创新！在9年的建设期间，来自全国各地的建设精英不忘初心、牢记使命，用智慧和汗水建设了这一举世瞩目的超级工程。目前，这条海底隧道的常年温度为26℃左右，通风良好，光线柔和，手机通信信号正常，还可以享受4G网络。

其次，港珠澳大桥带来的经济效益日益显现。

大桥开通一年的时间，日均客流量约4万人次，总车流已突破150万车次，大桥口岸已经成为粤港澳大湾区内最繁忙的口岸之一。在进出口方面，已累计进出口21.58万吨，价值84.45亿美元，对粤港澳大湾区起到重要的枢纽作用。旅游业也出现了新的发展。在澳门，2019年1月至9月，一日游（不过夜）游客同比增加30.6%，留宿旅客同比增长4.9%，均体现出整体性的拉动作用。

再次，粤港澳三地合作推动协同发展机制的探索。

港珠澳大桥是粤港澳三地首次合作的实际工程，千万人流和滚滚车流的背后，是不断深化的粤港澳三地跨境协作。一年来，珠澳口岸首创"合作查验，一次放行"新模式，累计验放出入境人员超过240万人次；与香港建立警务联络官机制，实现了节假日客流车流的提前预警；拱北海关"跨境快速通关"模式与香港海关"多模式联运转运货物便利计划"成功对接，缩短货物通关时间半小时以上。

三、启　示

港珠澳大桥的建成是粤港澳三地 15 年来合作的成果，在此过程中探索的合作机制也可以为粤港澳大湾区其他方面的建设提供借鉴。案例充分揭示了组织体系对创新的重要性，有组织的创新需要集中力量办大事的体制，充分体现了举国体制在创新组织过程中的力量，发挥举国体制的力量推动创新发展成为中国特色的创新路线。

点　评

> 创新组织理论指出，有组织的创新是提高创新效率的保障。以组织体系整合创新资源进行创新能够克服个体创新的不足。中国具有独特的举国体制，充分发挥举国体制的优势，形成有组织的创新能力，有利于实现个体创新无法实现的核心技术突破。

思考题

1. 粤港澳大湾区城市群互利合作谋发展对于关中城市群的发展有何启示？
2. 如何利用好外来人口资源推进陕西经济发展？
3. 举国体制适合开展哪些创新？举国体制如何与市场力量相结合来促进创新发展？

第九章 创新要发挥举国体制优势

创新让中国高铁领跑世界

一、背　景

根据中国国家铁路局颁布的《高速铁路设计规范》，时速为250公里（含）至350公里（含）的新线或既有线铁路为高速铁路。中国高铁的飞速发展令世界瞩目。根据相关数据显示，截至2018年，中国高铁通车里程达2.9万公里，超过世界总里程三分之二。和谐号电力动车组是我国铁路全面实施自主创新战略取得的重大成果，具有自主知识产权的"复兴号"高铁，更是以商业运营时速350公里，引领世界高铁潮头。

❖ 以和谐号和复兴号为代表的中国高铁技术领跑世界

二、做　法

1. "复兴号"：开启中国铁路新速度

"复兴号"高铁作为目前世界上运营时速最高的高铁列车，累计发送旅客逾2亿人次，已全面覆盖绝大多数省会城市。从绿皮车到有空调、软沙发的"和谐号"，再到无线上网、智能控制的"复兴号"，新中国成立70年来，中国铁路已经从过去的"追赶者"变为高铁"领跑者"。

"复兴号"整体设计和关键技术全部依靠我国自主研发，具有完全自主知识产权，高铁技术领先于其他国家。在未来高铁竞争中，我国将扮演标准的制定者，拥有强大的话语权。

2. 高铁技术的突破展示了在科技创新方面的中国速度

"万丈高楼平地起"，中国高铁打破了国外技术的封锁线，依靠科技人员攻坚克难，从技术引进到自我创新，从合作研发到独立自主创新。无论从科技层面，还是从效率层面，中国高铁的建设已经渐入佳境。中国国土辽阔，为应对各种复杂恶劣的天气与地理环境，自主设计高寒动车组、防风沙动车组、耐高温高湿动车组。通过"引进消化吸收再创新"，中国高铁技术取得突破，由中国南车自主研发的CRH380A车型，被认为是高铁领域真正的自主创新，也是中国唯一能出口的高速动车组型号，并且通过了美国知识产权局专利鉴定。可见，高铁被认为是从"中国制造"转向"中国创造"的一枚重要品牌。

三、启 示

国家统一规划布局，充分利用举国体制的优势不仅能够帮助企业突破核心技术，甚至能够成功塑造新的产业竞争力。中国高铁的发展充分体现了举国体制的优势，在国有企业牵头公关的组织体系支持下，克服全产业链的各个难关，让中国高铁成为世界建设规模最大的高技术设施。

点 评

举国体制与全球最大的高铁市场让中国领跑高铁行业，本章充分体现了举国体制对关键技术创新的组织作用和市场拉动对创新迭代的拉动作用。

思考题

1. 如何让高铁技术拉动中国高科技行业的发展？
2. 高铁技术如何实现国际化？
3. 陕西如何发扬勇于探索、精益求精的"工匠精神"，让"陕西制造"逐步迈向"陕西智造"？

疫情期间的群防群治

一、背 景

2020年1月25日,习近平总书记在中共中央政治局常务委员会会议上强调:"疫情就是命令,防控就是责任。各级党委和政府必须按照党中央决策部署,全面动员,全面部署,全面加强工作,把人民群众生命安全和身体健康放在第一位,把疫情防控工作作为当前最重要的工作来抓。"

二、做 法

构筑起疫情防控的人民防线,必须结合疫情防控的新形势,进一步推进联防联控、群防群治,调动公安、医疗、社区等各方力量,把广大人民群众动员起来、组织起来、凝聚起来。

1. 群防群治之公安

按照党中央、国务院和陕西省委省政府的部署要求,省公安厅统筹做好疫情防控和春运返程交通安保工作,按照公安部部署要求,经省政府批准,我省在商洛、安康与湖北交界道路共设置疫情查控点20个,全面覆盖了离鄂入陕高速公路和省、市、县、乡道路，加强车辆管控，协助做好疫情防控工作，坚决保障公路网通行顺畅，确保应急运输车辆优先通行，打通疫情救治"生命通道""绿色通道"，严格管控咸阳国际机场境外输入病例。同时，不遗余力落实爱警惠警措施，务必确保民警生命健康。要落实防疫安全保障措施，最大限度确保民警生命健康。

2. 群防群治之医疗

陕西省先后派出5批国家援鄂医疗队共计578人飞赴湖北抗击新冠肺炎一线，分别支援武汉市第八医院、武汉市第九医院、武汉协和医院、随州市中心医院、武汉光谷方舱医院，陕西省医疗队累计救治患者1 770人，其中重症和危重症患者623人，累计治愈出院患者798人。同时，医疗队自备防护用品和药物，带上了专门制备的中药制剂前往武汉，前期已经陆续送了近1 000公斤中药浓缩药膏，后续再根据前方需要提供药品及医疗物资。随着疫情形势的好转，医疗队已圆满完成任务，陆续撤离，返回三秦大地。

❖ 西安交通大学第一附属医院援鄂抗疫国家医疗队出征

3. 群防群治之社区

社区是疫情联防联控的第一线，也是外防输入、内防扩散最有效的防线。作为外来人口输入大省，最大限度降低输入风险，切断疫情扩散蔓延的渠道，严格做好社区防控是重中之重。贯彻落实总书记重要讲话精神，推进网格化管理全覆盖，全面做好疫情监测、排查、预警、防控等工作，将防控措施落实到户、到人，确保不留盲区、不漏一户、不落一人，必须充分发挥基层党组织战斗堡垒作用和党员先锋模范作用，带动形成人人积极参与、人人自律自控的局面，使所有社区成为疫情防控的坚强堡垒。

构筑起疫情防控的人民防线，必须坚持以人民为中心的工作导向，进一步保障好广大人民群众的日常生活。保障居民生活，省农业农村部门扎实做好新型冠状病毒疫情防控期间"菜篮子""米袋子""果盘子"等农产品供应，将稳市场与稳预期结合起来；推动有序复工复产，我省各地纷纷出台惠企政策，将稳经济与抵御疫情冲击结合起来。

三、启　示

防控疫情，必须把人民群众生命安全和身体健康放在第一位；构筑群防群治的人民防线，每个人都是主体。贯彻落实习近平总书记重要讲话和指示精神，坚决打赢疫情防控的人民战争、总体战、阻击战，广大人民群众是最坚实的依靠。

第九章　创新要发挥举国体制优势

> **点　评**
>
> 新型冠状病毒感染的肺炎疫情发生以来,各省坚决贯彻落实习近平总书记重要讲话、重要指示精神,担当尽责,扎实工作,统筹资源,形成合力,构筑起抵御疫情的严密防线,坚决打赢疫情防控阻击战。

思考题

1. 防控疫情斗争中社会公共管理有哪些需要提升的环节?
2. 如何支持基层组织完成堡垒使命?
3. 中国向世界提供了怎样的防疫中国方案?

第十章　协同创新贵在强强联合

  要打好核心技术研发攻坚战,不仅要把冲锋号吹起来,而且要把集合号吹起来,也就是要把最强的力量集聚起来共同干,组成攻关的突击队、特种兵。我们同国际先进水平在核心技术上差距悬殊,一个很突出的原因,是我们的骨干企业没有像微软、英特尔、谷歌、苹果那样形成协同效应。美国有个所谓的"文泰来"联盟,微软的视窗操作系统只配对英特尔的芯片。在核心技术研发上,强强联合比单打独斗效果要好,要在这方面拿出些办法来,彻底摆脱部门利益和门户之见的束缚。抱着宁为鸡头、不为凤尾的想法,抱着自己拥有一亩三分地的想法,形不成合力,是难以成事的。

  ——习近平总书记在网络安全和信息化工作座谈会上的讲话(2016年4月)

"文泰来"联盟

一、背　景

2016年4月19日,习近平总书记在网络安全和信息化工作座谈会上的讲话中提到,美国有个所谓的"文泰来"联盟,微软的视窗操作系统只配对英特尔的芯片。在核心技术研发上,强强联合比单打独斗效果要好,要在这方面拿出些办法来,彻底摆脱部门利益和门户之见的束缚。

那么,总书记在会上提到的"文泰来"联盟究竟是什么?"文泰来"联盟在美国科技产业的发展中又起到了什么作用?

二、做　法

从20世纪80年代开始,微软、英特尔公司为推动个人电脑产业的发展,组成了Wintel联盟,也就是所谓的"文泰来"联盟。

比尔·盖茨这样回忆微软与英特尔的友谊:"微软和英特尔一起努力,开发更为快速的处理器。20世纪80年代以前,苹果公司是个人电脑产业的霸主。20世纪80年代开始采用英特尔的处理器和微软的操作系统,因而取代苹果成为个人电脑产业的老大,英特尔与微软此时也成为电脑产业的巨人。"

在20世纪八九十年代,"文泰来"联盟的发展如日中天。在当时的科技市场中,英特尔处理器占用电脑内存大,然而,可以配备英特尔处理器的电脑市场价格偏高,大多数消费者属工薪阶层，倾向于购买更加便宜的电脑。另外，微软公司的 Windows 系统在市场上独占鳌头，微软公司推出了需要较大内存来支持运行的程序，这使配有英特尔处理器的个人电脑市场需求增加。最终，英特尔与微软公司相得益彰，对于电脑厂商来说，选择一家的公司产品就连带选择了另一家，二者相生相伴。

放眼个人电脑市场，"文泰来"联盟本质上，指的不仅是能够占据90%以上的市场份额，更是指硬件与软件二者的最佳结合，英特尔的芯片与微软的 Windows 系统进行协同合作更新，拉动整个产业发展。每当微软有新的操作系统发布时，英特尔的芯片配合进行一次全面更新，在协同效应的作用下，电脑性能和用户体验均得到明显提升，效果显著。

"文泰来"联盟的出现，开启了一个新的时代，这种强强联合使得个人电脑市场蓬勃发展，"文泰来"联盟的巨大贡献有目共睹。随着技术的飞速发展，日后软硬件结合将愈加频繁。英特尔公司敏锐地捕捉到其中玄机，硬件技术要发展与创新，当然离不开软件的支持。

从那时起，"文泰来"联盟沿用的一些行业标准与技术规范，演变为个人电脑产业的技术标准，以该联盟为主体的"双寡头垄断"格局自此在全球个人电脑产业初步形成。

微软与英特尔也成为默契合作、最强吸金的组合。

在实行"文泰来"联盟的期间，微软与英特尔最让人津津乐道的一次合作是对抗 PowerPC 联盟。在 20 世纪 90 年代初，由 IBM、摩托罗拉与苹果三大巨头公司合作，共同推广 PowerPC 微处理器，具体是指，IBM 运用其在微处理器方面的长处，结合摩托罗拉的技术，推出市场竞争力强的 PowerPC 芯片，苹果公司发挥其系统操作软件的优势，最终，三者结合开发产品，向联盟成员提供，这便是 PowerPC 联盟。

在 PowerPC 联盟所带来的市场冲击下,"文泰来"联盟的反攻随即展开。先是英特尔公司具有划时代意义的奔腾系列芯片横空出世,微软的 Windows 95 操作系统也应运而生。不止于技术开发层面,英特尔和微软还运用市场策略对 PowerPC 联盟进行内部分解。最终,面对激烈的竞争环境,PowerPC 联盟的合作不了了之,这一时期微软与英特尔的合作可谓"唇齿相依"。

三、启　示

研发联盟是创新的重要组织形式。强强联合、资源互补、共创共赢的组织形式比单个企业大而全的创新体系更具竞争优势。技术上的依赖关系形成的长期联盟能够大大提高抗风险能力,帮助企业对抗创新过程中的技术和市场的不确定。

点　评

"文泰来"联盟造就了一个时代,正是因为有这种强悍的联合,才使个人电脑的发展日新月异,"文泰来"联盟制定的一些技术规范,已成为个人电脑产业的实施标准,该联盟也因此在全球个人电脑产业形成了所谓的"双寡头垄断"格局。

思考题

1. 研发联盟的成立需要什么条件?

2. 研发联盟的风险有哪些？如何克服？

3. 围绕高端芯片领域，陕西应如何建立产、学、研、用深度融合的联盟，打造"架构—芯片—软件—整机—系统—信息服务"的产业生态体系以推进集成电路产业快速发展？

丰田汽车城

一、背 景

汽车城是当下一种新的汽车营销模式,它将众多的经销商和品牌汇聚到同一个地方,进行集中的多样化贸易。具有种类丰富、选择性强、购车便捷、服务优质、管理规范等优点,集前期咨询购车、中期贷款保险、后期上牌及售后于一体。

丰田市(Toyota),有日本汽车城之称,是著名汽车品牌丰田总部所在地,有"东洋底特律"的美称。该市属于日本爱知县,位于名古屋市东30公里,人口41万,属日本三大都市圈之一名古屋都市圈。爱知县总人口695.5万,其中丰田的职工及家属占比62%,在这里,全城的汽车行业人员均为丰田公司服务,职工只要年满20岁,便可得丰田汽车1辆。丰田市还配备有大型出口港——名古屋港,其中丰田的汽车专用码头最高容量5万辆,体量居世界第一。该市有12座汽车厂、几十个系列的轻重型汽车生产线为丰田公司服务,还另有1 240家协作厂,职工平均年产值达13万美元,居世界之最。

二、做 法

1. 企业文化与园区文化

丰田市原名举母市。1938 年，刚刚成立的丰田选定举母市设立汽车厂，它的出现为举母注入了新的生机，这座城市开始迸发出新的活力。当丰田公司逐步迈向汽车行业巨头、领先世界的时候，也将自己牢牢扎根在丰田市的每一方土地。20 多年飞速发展，举母的民生经济已经和丰田公司融合，密不可分，成为一座名副其实的企业城，于 1959 年正式更名为丰田市。

今天的丰田市内，以丰田公司冠名的建筑物在市内屡见不鲜，丰田纪念医院、丰田市政厅、丰田鞍池纪念馆、丰田消费合作社、丰田运动中心……作为丰田职员的福利保障设施，也向丰田市民全面开放。

其中，丰田会馆是一个游客不能错过的地方，在这里可以感受丰田公司 70 多年来筚路蓝缕的发展历程。馆内设有丰富多彩的展示区，能够真正了解到"世界的丰田"在安全、环境、汽车制造等方面的建树及创新。

2. 创新的"丰田生产方式"

"丰田生产方式"是世界上许多国家争相学习的先进经验。按照传统做法，汽车生产从铸件到半成品都要先入库，需要时再取货、加工，加工好的零部件每天也要依工厂生产需要办理入库、出库。这一程序动作无形之中加大了库存。丰田喜一郎的创新之处在于将传统的整批生产方式改为弹性生产方式。按照丰田的模式组织生产，工人和工厂都可得到好处：工人"每天只做必要的工作量"即可，早做完者早下班，做不完者可加班；工厂无须设置存货仓库，无须占用大量周转资金，许多外购零部件在付款之前就已被装车卖出了。

3. 协同发展的丰田汽车城

丰田汽车城属于典型的"轮轴式"产业集群，轴心企业是丰田公司，其次是围绕丰田公司需求的供应商企业。轴心企业与供应商企业之间形成多层次的金字塔结构，供应商提供的产品在创新和品质方面都能够完全符合丰田公司的需求。这种创新的合作机制日益完善，使得丰田汽车城始终保持世界一流的创新活力，不断开发出世界领先的新产品。

三、启　示

近年来，我国以"新能源汽车"为特色的汽车行业已在世界范围内形成一定的影响力，汽车销量已稳居世界第一。不断扩大的汽车产业需要更加完善的新生态产业链，特别是近年来出现了多个产业集群，如深圳坪山新能源产业园区等。丰田汽车城等世界著名园区经过多年的发展，从企业文化到生产方式都形成了一定的经验和模式，对我国进一步推动园区企业协同发展、技术创新发展和机制持续发展起到了很好的借鉴作用。

| 创新驱动与经济高质量发展

点　评

　　范围经济观点认为一站式解决方案经常帮助客户降低搜寻成本。联合众多企业一起为客户服务，往往比单个企业更具竞争力。超市、商业综合体、汽车城、家具城等众多业态主要通过范围经济创造价值。案例充分展示了范围经济实现的过程，为打造能够促进创新的区域协同体系提供了较好的经验。

思考题

　　1. 一站式服务的实现需要哪些条件？

　　2. 如何利用陕西高校的海量专利，通过制造的技术以及制造过程中积累的数据为陕西增加更多财富？

　　3. 如何利用产业集群效用促进城市健康科学发展？

设立科创板，打好创新牌

一、背　景

2018年11月5日，首届中国国际进口博览会开幕式在上海国家会展中心举行，国家主席习近平出席并发表演讲，宣布在上海证券交易所设立科创板并试点注册制。2019年7月22日，科创板正式开市，中国资本市场的全新板块由此展开；开市当天，科创板首批上市的25家公司全线上涨。

❖ 上海证券交易所科创板正式开板①

① 图片来源：上海证券交易所。

二、做　法

为落实创新驱动和科技强国战略、推动高质量发展、支持上海国际金融中心和科技创新中心建设，国家设立科创板。这是一项完善资本市场基础制度的重大改革举措，是激发市场活力和保障投资者合法权益的重要安排。随着市场的发展，科创板要实现可持续化发展，重要的是打好"创新牌"。

科创板的运行步入正轨，中国资本市场的改革也踏入了新的征程。作为市场改革的先行军，科创板取得了一系列改革的突破，如在发行、定价等关键制度上的转变，引发了整个资本市场的改革，意义举足轻重。进一步说，科创板这一重大举措，促进科技与资本的深度融合、引领经济发展向创新驱动转型，回应了经济高质量发展和供给侧结构性改革主线。

2019年1月31日，毕马威中国表示，官方发布的科创板"细则"使市场对于科创板的信心增强，将会有越来越多的在科技创新能力方面拥有核心竞争力的企业申报科创板，获得科创板带来的制度红利。长远来看，科创板能够促进中国创新驱动发展战略的效能将与日俱增。

三、启　示

科创板在11月5日横空出世，出乎大部分人的意料。可是国家推出科创板的逻辑，却是非常清楚的。中国在2000年左右完成了工业革命，接下来要实现经济的转型升级，必须依靠创新革命。

可是创新革命迟迟未能实现，原因就是中国未能发育出支持创新革命的资本市场。要想实现创新革命，必须要有支持创新的资本市场。我国推出科创板，也标志着中国资本市场，继新三板之后，又一次启动了双轨制改革的实践。

点 评

创新生态系统中不可缺少的是科技创新的市场出口。高科技创业是科技创新的重要通道，而科技创新需要众多的资本推动，解决了资本退出的路径问题就解决了资本的激励问题。科创板的设立是创新系统建设的重要举措，是高科技创业活动获得资本支持的体系保障。

思考题

1. 中国资本市场"稳住存量，做大增量"的双轨制改革逻辑是什么？
2. 陕西应如何推进企业利用资本市场力量做大做强？

第十一章　注重发挥教育的创新作用

　　科研院所和研究型大学是我国科技发展的主要基础所在,也是科技创新人才的摇篮。要优化科研院所和研究型大学科研布局。科研院所要根据世界科技发展态势,优化自身科技布局,厚实学科基础,培育新兴交叉学科生长点,重点加强共性、公益、可持续发展相关研究,增加公共科技供给。研究型大学要加强学科建设,重点开展自由探索的基础研究。要加强科研院所和高校合作,使目标导向研究和自由探索相互衔接、优势互补,形成教研相长、协同育人新模式,打牢我国科技创新的科学和人才基础。

　　——习近平总书记《为建设世界科技强国而奋斗》(2016年5月)

"双一流"高校建设

一、背 景

十九大报告明确指出：创新是引领发展的第一动力，是建设现代化经济体系的战略支撑。在新方向的引导下，高校更要立足中国，放眼世界，具有"双一流"高校的视野和胸怀，向世界前沿科技进发，能够在引领性原创成果方面取得重大突破，同时建设青年科技人才、高水平创新队伍，向国际水准看齐，让创新在实践中取得硕果。

❖ "双一流"高校建设名单①

---

① 图片来源：中华人民共和国教育部研究生司。

"双一流"建设指的是世界一流大学和一流学科建设,是中国共产党中央委员会、中华人民共和国国务院作出的重大战略决策,亦是继"211工程""985工程"之后的又一高等教育领域国家决策,助力中国高等教育综合实力和国际竞争力的提升,助力实现"两个一百年"奋斗目标,助力实现中华民族伟大复兴的中国梦。

二、做 法

谈到"双一流"建设的具体任务,离不开国家创新驱动发展的要求。

首先,需要建设一流的师资队伍。要加强高层次人才在强校方面的支撑引领作用,落实人才强校战略,聚集世界性优秀人才,加快一流科学家、学科领军人物和创新团队的培养及引进,他们长期活跃在国际学术的前沿,能够满足国家重大战略需求。在教师成长发展规律的基础上,建设中青年教师和创新团队是重点,营造良好制度环境,助力中青年教师茁壮成长、脱颖而出,打造一支跨学科、跨领域的创新团队,使得人才队伍能力实现可持续发展。同时,不能忽略师德师风建设,优秀的教师队伍拥有理想信念、道德情操、扎实学识以及仁爱之心,需要持续的培养和造就。

注重拔尖创新人才的培养。把立德树人放在人才培养的重要位置,着力培养创新型、应用型、复合型优秀人才,使人才不仅富有历史使命感和社会责任心,还具有创新精神和实践能力。在加强创新创业教育的同时,需要不断推进个性化培养目标,以实现学生综合素质、国际视野、科学精神和创业意识能力的全面提升。

要正确引导高校毕业生积极投身大众创业、万众创新的热潮之中，合理提高毕业生的创业比例。以学生成长成才作为目标基石，坚持质量保障体系的完善，评价体系要导向正确、科学有效、简明清晰，做到更好地激励学生努力学习、健康成长，全面发展。

全面提高科学研究方面的水平。为促进经济社会发展及实施国家战略决策，要以国家重大需求为导向，全方位提升高水平科学研究能力。科学研究要有所为有所不为，注重在学科布局方面的顶层设计和战略规划，加大力度建设国内领先、国际一流的优势学科和领域。争取在国际学术前沿并行乃至领先，大力提高基础研究水平。加强解决重大问题及原始创新方面的能力，推动战略性、全局性、前瞻性问题的研究。依托于重点研究基地，注重创新科研组织模式，关注重大科研项目，开展协同创新，健全科研机制，优化资源配置，全面提高科技创新能力。打造新型高校智库，兼具中国特色和世界影响力，高效服务国家决策。建立健全哲学社会科学学术评价和学术标准体系，鼓励创新、允许失败，激发创新活力。

优秀文化要进行传承与创新。加强大学精神和大学文化建设，增强文化自觉，树立文化自信，能够推动社会的进步、引领文明进程，并各具特色、百花齐放。要注重建设优良的校风、教风、学风，在教育教学全过程中融入和遵循社会主义核心价值观，知识教育在价值观的引领下，教师能够潜心教书育人、静心治学，广大青年学生能够勤学、修德、明辨、笃实。大力研究、宣扬中华优秀传统文化和社会主义核心价值观，从优秀传统文化中汲取思想精华，传承发扬、转化创新，在教化育人作用方面充分发挥作用，助力建设社会主义先进文化。

提高产出、加强成果转化。产业与教育深度融合，一流大学和一流学科建设助推经济社会发展，提高在产业转型升级方面高校的贡献率，高校要加强催化产业技术变革、加速创新驱动。着力健全机制，要以市场为导向，允许社会资本参与，进行多要素深度融合，加强高校的学科、人才、科研与产业积极互动，打通在基础研究、应用开发、成果转移与产业化之间的连接。强化对接互动，主要在科技与经济、创新项目与现实生产力、创新成果与产业之间，助力重大科学创新、关键技术突破转变为先进生产力，借助高校创新资源，驱动经济社会发展。

"双一流"建设的重点在于质量和特色。高校在优势学科的发展和交叉融合的助力下，一批国家之急需、产业转型和区域发展的新兴学科和交叉学科应运而生，产学研结合大力推进国家科技创新，作为一流创新高地，高校始终引领发展，站在科技的最前沿。

三、启 示

改革开放 40 周年，中国高等教育事业取得了举世瞩目的成就！高等教育规模不断扩大，目前在学总规模已达 3 699 万人，规模位居世界第一；高教综合改革不断推进，"双一流"建设项目如火如荼；高教类型也呈多样化发展，南方科大等新型大学接连涌现；世界舞台上中国高校的声音也愈加精彩……

在新的国际形势和发展竞争日益激烈的今天，以大数据、物联网、人工智能等为代表的新技术革命、社交网络的变革等都对我国高等教育人才培养和科研创新体系提出了新要求。因此，在激荡的互联网新时代，"双一流"高校创新发展为中国教育事业建设增添"马力"！

点 评

国家创新系统由高校、企业、政府、服务机构、投融资机构、非营利组织等众多主体构成。高校是国家创新系统中的关键要素之一。高校的质量在一定程度上决定了国家创新质量的高低。打造国际一流的高校是健全国家创新系统,实现国家创新竞争力塑造的核心支点。

思考题

1. 如何实现一流学科建设与科技创新的协同?
2. 陕西的"双一流"高校如何创新发展?如何积极借鉴其他高校的发展经验?
3. "双一流"中期建设大背景下,不同学科的定位和建设思路如何进行区分?高校发展规划、决策模式等多方面的创新优化如何实现?

"硅谷"与斯坦福

一、背 景

谈到硅谷的发展,一定离不开斯坦福大学,硅谷的很多优质人才都来自斯坦福大学。硅谷形成和崛起的坚实基础正是由斯坦福大学奠定的。从这里走出了众多高科技公司的领导者,培养了众多专业人才。

除此之外,斯坦福亦是走出最多美国国会议员的院校之一,校友还包括17名太空员及30名富豪企业家。在2010年《福布斯》盘点中,在培养亿万富翁最多的大学项目里,斯坦福名列第二,仅次于哈佛大学,亿万富翁数量达28位。

二、做 法

一些具有雄厚科研力量的美国顶尖大学为硅谷的发展作依托,主要是斯坦福大学,这是硅谷得天独厚的区位优势。硅谷与斯坦福大学的关系密不可分,在很大程度上,我们可以认为正是斯坦福助长了硅谷的繁荣。

1891年,时任加州州长的铁路富豪利兰·斯坦福与他的妻子简·莱思罗普·斯坦福共同成立斯坦福大学。他们的爱子小斯坦福跟随父母在欧洲旅行的时候，不幸感染了风寒病逝，斯坦福夫妇返回美国后，悲痛不已，决定将他们在帕罗奥多市的3 561公顷的土地用来创建一所大学，并投入了2 000万美元的积蓄。

建校初期的斯坦福大学在美国知名度并不高，第二次世界大战后期，OSRD的一个无线电实验室在斯坦福大学成立，而无线电研究只存在于名义上，该实验室主要用来研究无线干扰器及反雷达监测技术，以实现对日本以及欧洲战场的导弹装备，实验室以"无线电"命名其实是掩人耳目。

实验室的负责人名叫弗雷德里克·特曼，这也是唯一一个被美国当局予以重用的斯坦福教授。1951年，为了让斯坦福大学的科研成果，也就是实验室研发的军事技术和生产的武器系统，能够更加靠近斯坦福校园，他筹建了斯坦福工业园。这是全球最早的位于大学附近的高科技工业园区，也就是后来的"硅谷"。它奠定了硅谷电子业的基础，特曼教授也因此被称作"硅谷之父"。

有媒体归结了三方面原因，分析斯坦福成为硅谷智库的成功经验。

第一，引入大学人才。多年来，硅谷这趟列车高速前行，斯坦福大学等院校便是这趟列车动力强劲的火车头。硅谷对人才特殊的培养之道、激励之道、使用之道从另一个方面助力了它的成功。在硅谷工作的人，切身感受尤为深刻，这是一种特殊的人才气息，这是一种成就人才、成就事业的"机制和力量"。在把大学人才引入公司的过程中，"硅谷之父"斯坦福大学特曼教授，扮演了极其重要的角色。1951年，特曼教授最先提出创建斯坦福研究园区的构想，硅谷的初期公司就是租用斯坦福大学的土地、依托斯坦福大学的最新科研成果。通过市场的力量及长期拓展，硅谷形成了"学术—工业综合体"的发展模式。

创新驱动与经济高质量发展

在 20 世纪 50 年代中期,半导体业正式创建,硅谷迅速发展的历史开始书写。在硅谷,斯坦福大学的学生毕业后纷纷创业,20 世纪 80 年代中期至 90 年代末期,具有斯坦福大学背景或者由斯坦福师生创办的公司,在硅谷占据 70% 以上。

第二,产学研一体化运行模式。特曼教授一直主张,大学校园不应是传授课本知识、关门搞科研的象牙塔,而应将实验室产生的科研成果及时转化,运用于工业之中,进行生产实践,为社会创造财富。他提倡鼓励大学的研究工作要与科研基础工业相结合;他给年轻有事业心的工程师提供贷款帮助,支持他们借助学校的设备进行研究与创业;他协调政府部门签订技术研究合同,允许职业工程人员进入斯坦福大学听课学习。为实现"合作"与"转行",使科学家、专家之间适应专业跨行,促进大学与产业进一步关联,附近一些公司获得了进入斯坦福大学实验室的机会,并与大学合作共同研制新产品。斯坦福大学的知识创造和创新能力主要来源于这种开放式办学,来自社会的"咨询教授"占据了教授团队 50% 的比重。

基于斯坦福产学研的特殊性,学校建立起了更加开放和自由的学籍管理办法,不同于其他的大学。综合发展下来,工商业与学校的科学研究关联越来越密切,一个"公园式"的"斯坦福工业园"由此而生,在这里,毕业生可以直接建立自己的公司创新创业,追逐梦想成就事业。实际上,从教学、科研、生产一体化开始实施,硅谷便迅速起步加速。

硅谷人力资本的一个重要特点便是支持和包容人才的流动和组合。企业裂变和技术外溢正是得益于人才的高流动性。例如,后来的许多知名公司如美国国家半导体、英特尔、西格尼蒂克斯和太阳微系统等,都是从创建于 1920 年著名的半导体公司——仙童公司中分化出来的；该公司还培养出了硅谷中许多其他公司的领导者和工程技术人员。

第三，根据产业趋势扩展"创新域"。斯坦福大学等院校师生顺应产业发展，顺势扩展"创新域"，这是他们对硅谷的另一贡献。纵观硅谷，与斯坦福大学等院校相关联的人才比比皆是，除了高技术企业的创新研发骨干，还涉及众多服务机构，诸如法律、猎头公司、会计和风险投资，以及其他专业服务类机构。这些机构的业务重点是为新成立的创业公司打理费时的琐碎事务，他们大多由大学生创办。

在商业模式方面，顺势拓展"创新域"也是如此。硅谷是从创新商业模式开始拓展商业市场的，而硅谷商业模式创新的有生力量则由活力四射的大学生组成。可以这样说，硅谷到处都遍布着斯坦福大学的影子，它成为硅谷发展重要的人才智库，为硅谷的发展提供智力支持。

三、启　示

科技成果转化是高科技创新的源头。根据科技成果转化的规律，建立匹配的科技成果转化体系是推动高科技创新的重要步骤。产学研合作体系的建立是科技创新的体系保障。硅谷的成功在于建立了有利于产学研合作的科技成果转化体系，不断催生全新的产业。

| 创新驱动与经济高质量发展

点 评

案例集中展示了高校在国家创新系统中的作用，一流学科是基础研究的基础，是科技创新的源头。国家创新系统中，高校一流学科的质量决定了高科技发展的高度。

思考题

1. 双一流建设中不同学科的定位和建设思路如何进行区分？
2. 如何实现一流学科建设与科技创新的协同？
3. 硅谷和斯坦福的合作实践对我们陕西未来的发展有哪些启迪？

第十一章 注重发挥教育的创新作用

中国西部科技创新港：中国高校首个"智慧学镇5G校园"

一、背 景

中国西部科技创新港——智慧学镇（以下简称"创新港"）是教育部和陕西省人民政府共同建设的国家级项目，是陕西省和西安交通大学（以下简称"西安交大"）落实"一带一路"、创新驱动及西部大开发三大国家战略的重要平台，由西安交大与西咸新区联合建设，选址于西咸新区沣西新城，总占地面积23平方公里，建设用地面积10.5平方公里，定位为国家使命担当、全球科教高地、服务陕西引擎、创新驱动平台、智慧学镇示范。

❖ 中国西部科技创新港——智慧学镇

157

创新驱动与经济高质量发展

二、做　法

西安交大以中国西部科技创新港为平台，建成了中国高校首个"智慧学镇5G校园"，实现了智慧教育、智慧安防、智慧物业等10大功能，打造"人人皆学、处处能学、时时可学"的融合校区、园区、社区一体化的智慧教育服务体系，为探索新时代高等教育新形态，破题"双一流"建设提供了交大方案。以创新港为龙头，实现西安交大4个校区互联互通、资源共享，打造人—机—物三元世界新模式。实现四网融合、四区互通、高算中心、智慧教学、智能物业、移动办公、服务大厅、全息感知、精准导航、智慧安防等10大功能。

❖ 智慧园区的展示平台——中国西部科技创新港统一运营中心

智慧学镇超级大脑在高算中心诞生。这个超算平台能够开展高精尖实验，进行大容量科学计算，产出高水平的学术成果，计算水平相当于2万台普通计算机。除了为西安交通大学提供服外,超算平台也为西咸新区和中西部地区提供开放服务,在"一带一路"国家进行各类资源的访问和科学计算时提供支撑服务。

目前,西安交通大学已经在曲江、雁塔、兴庆三个校区设有智慧教室354间,创新港306间,共计660间教室,能够做到课堂实时录制,西安交通大学教学资源库得到了丰富和完善。同时,能够选择性地面向社会提供开放服务,不仅仅限于教育事业,对整个"一带一路"人才培养也能提供相应的支撑和服务,这对于西安交大有着重要的意义。

智慧学镇还提供一站式的政务服务大厅,为师生提供便捷服务,目前创新港65项业务都可以通过网络在线办理,兴庆和雁塔校区127项业务线上线下结合办理,平均月访问量3万人次,跨部门协办业务平均每月达1.3万次。

三、启 示

中国国家创新系统中,产学研合作短板明显,长期制约了科技成果的转化和创新竞争力的塑造。由于高端科技资源更多地分布在高校和科研院所,企业的创新资源匮乏与高校科研成果搁置形成鲜明的对比。中国西部创新港是中国产学研合作体系建设的创举,为中国独特的产学研合作模式树立了新的典范。

| 创新驱动与经济高质量发展

点 评

中国西部科技创新港,是教育部与陕西省合作共建的国家级重点项目,是陕西贯彻"一带一路"倡议、西部大开发战略、创新驱动发展战略,依托西安交通大学教育科研优势,建设创新型省份、打造教育科技新优势、助推经济社会持续健康发展的重大战略性项目。中国西部创新港的建设是新型产学研体系建设的尝试,为中国建立产学研体系树立了新的典范。

思考题

1. 建立新的产学研体系需要哪些制度创新?
2. 建立产学研体系如何促进"双一流"建设?
3. 陕西省如何利用好创新港探索一条陕西高校联动地方发展的路径?

第十二章　构建现代科技创新治理体系

完善科技创新体制机制。弘扬科学精神和工匠精神，加快建设创新型国家，强化国家战略科技力量，健全国家实验室体系，构建社会主义市场经济条件下关键核心技术攻关新型举国体制。加大基础研究投入，健全鼓励支持基础研究、原始创新的体制机制。建立以企业为主体、市场为导向、产学研深度融合的技术创新体系，支持大中小企业和各类主体融通创新，创新促进科技成果转化机制，积极发展新动能，强化标准引领，提升产业基础能力和产业链现代化水平。完善科技人才发现、培养、激励机制，健全符合科研规律的科技管理体制和政策体系，改进科技评价体系，健全科技伦理治理体制。

——《中共中央关于坚持和完善中国特色社会主义制度　推进国家治理体系和治理能力现代化若干重大问题的决定》（2019年10月31日中国共产党第十九届中央委员会第四次全体会议通过）

粤港澳大湾区国际科技创新中心

一、背　景

粤港澳大湾区由香港、澳门两个特别行政区和广东省的广州、深圳、珠海、佛山、惠州、东莞、中山、江门、肇庆九个珠三角城市组成，总面积5.6万平方公里，2018年末总人口已达7 000万人，是中国开放程度最高、经济活力最强的区域之一，在国家发展大局中具有重要战略地位。

2017年7月1日，国家主席习近平出席了《深化粤港澳合作 推进大湾区建设框架协议》签署仪式。2019年2月18日，中共中央、国务院印发《粤港澳大湾区发展规划纲要》（以下简称《规划纲要》）。《规划纲要》明确大湾区将建设具有全球影响力的国际科技创新中心。

二、做　法

"广州—深圳—香港—澳门"科技创新走廊提供了良好的基础支撑，使大湾区具备潜力建成为国际科技创新中心，但同时，在大湾区国际科技创新中心建设的过程中，也面临着许多挑战。

第一，总体偏弱的基础研究实力不能匹配发展速度。这对大

创新驱动与经济高质量发展

湾区建设国际科技创新中心十分不利，目前多有"应用研究活跃，基础研究冷门"现象呈现。第二，限制要素跨境流动的门槛较多。在大湾区内，内地与港澳之间的沟通合作有一定的限制和要求，主要体现在人员、设备、资金、信息等方面，使科技创新要素跨境自由流动受到一定的制约，主要体现在科研资金、科研数据、科研资讯等方面跨境流动受限。第三，具有较低的区域协同创新水平。大湾区区域协同创新系统涉及内地城市之间的协同创新和港澳与内地城市的协同创新两个层面。从总体层面看，需要加强协同创新环境的开放性，完善健全九市之间的协同创新机制，主要问题表现在政府监督管理机制不足、市场对资源配置作用不够、政策主导性过强、政策重复同质且效果评估不足等方面。第四，联通不畅的科技软环境。在科技制度和政策方面，港澳和内地亟须强化联通和加强沟通，例如知识产权保护等，强化衔接管理体制和规则，构建良好的科技发展软环境，实现相互支撑、互通有无。第五，较大差异的理念和利益观念。在大湾区各个行政区中，各地方政府的利益要求不同，利益要求多元化的现象在区域内部容易出现，大湾区内各城市或各行政区存在重大基础设施重复、产业结构趋同、环境污染、市场过度竞争以及产业布局近似等问题，短期内无法克服和解决。

近年来，粤港澳大湾区认真研究他国经验，不断仔细分析自身存在的问题，最终获得启示，得到了快速的发展。

粤港澳大湾区现实行"一核三点"的科技创新模式，一核指的是以企业科技创新为核心，三点指的是以政府、高校（及其他科研机构）和金融机构为三大支撑点，为企业提供多方位的支持，涉及政策、资金、平台、人才等方面，粤港澳大湾区的科技创新模式由此构筑起来。粤港澳大湾区的科技创新模式主要基于特有的产业结构，以知识、技术密集型企业为主导和核心。粤港澳大湾区的企业科技创新离不开政策的大力支持，要创造有效的财税支持和创新环境，为大湾区的发展提供充足的动力。科技创新的另一个重要支撑点便是高校（及其他科研机构）。首先，企业科技创新需要高校教育奠定的人才基础；其次，为能更有效地使科技与产业对接，离不开高校与企业之间的合作，进而实现技术输出。

纵观全国范围，作为沿海经济增长快、改革开放前沿阵地及高新技术产业集聚地，粤港澳大湾区的区域科技创新实力首屈一指，这也是其日后建设全球创新高地的关键所在。粤港澳大湾区从科技创新投入和产出两个维度上来看，其表现都名列全国前茅。2018年，从科技创新投入上看，广东省研发经费规模为2 705亿元，数额居全国第一，其中，珠三角地区研发经费2 586亿元。广东省和珠三角地区研发投入强度分别为2.78%和3.19%，远高于全国平均水平2.19%。港、澳地区2018年研发投入强度不足1%，由于高度偏向现代服务业的产业结构，如金融业、博彩业等，限制了其投入科技创新的资金。从区域科技创新方面来看，广东省近年来创新步伐不断加快。从《中国区域创新能力评价报告（2019）》中能够看出，2019年广东区域创新能力综合效用值为59.49，排名第1位，同时，广东省已经连续三年居全国之首。再从PCT国际专利来看，广东省的表现同样突出。《2018年广东省知识产权保护状况》的数据显示，2018年广东PCT国际专利申请量达2.5万件，在全国总量中占比48.7%，连续17年保持全国第一，科技创新实力强劲。

2019年12月，《"大众创业、万众创新"研究（2019）——粤港澳大湾区创新报告》发布，报告中指出，粤港澳大湾区在区域创新市场构建上具有两个重大意义：国际创新市场一体化的区

| 创新驱动与经济高质量发展

域性探索以及区域性创新市场的结构升级路径探索,这与它"一国两制、三关税区"的独特性密不可分。

三、启　示

报告显示,当前粤港澳大湾区的研发经费支出占 GDP 比重达 2.7%,和美国、德国处于同一水平线;大湾区内国家级高新技术企业总数超过 1.89 万家,PCT 国际专利申请量占全国 56%。因此,粤港澳大湾区将是建设国际科技创新中心,集聚国际创新资源,优化创新制度和政策环境,建设全球科技创新高地和新兴产业重要策源地。

点　评

创新要素自由流动,湾区经济迸发新活力。一个迈向国际科技创新中心、引领全球技术变革的世界级湾区正茁壮成长。

思考题

1. 陕西的高新技术聚集区如何实现创新资源的高效配置和创新要素的流动?

2. 政府如何做好顶层设计,让企业成为创新的主体?

开创知识产权保护新局面,打通"快保护"的关键环节

一、背 景

在博鳌亚洲论坛 2018 年年会开幕式上,习近平总书记出席并发表重要主旨演讲,他强调:"加强知识产权保护。这是完善产权保护制度最重要的内容,也是提高中国经济竞争力最大的激励。对此,外资企业有要求,中国企业更有要求。今年,我们将重新组建国家知识产权局,完善加大执法力度,把违法成本显著提上去,把法律威慑作用充分发挥出来。我们鼓励中外企业开展正常技术交流合作,保护在华外资企业合法知识产权。同时,我们希望外国政府加强对中国知识产权的保护。"

2019 年 11 月,中办、国办印发《关于强化知识产权保护的意见》(以下简称《意见》),对我国进一步加强知识产权作出全面部署。《意见》的三大看点为执法更严、赔偿更高、维权更快,知识产权保护的四大方针为"严、大、快、同"。其中"快保护"即保护速率,应当是全面实现我国"严、大、快、同"知识产权四大保护方针的加速器和催化剂,亦是持续强化我国知识产权保护的"金箍棒"和"风火轮"。那么,知识产权的"快保护"具有哪些特点?我国知识产权保护又经历了怎样的发展阶段?

二、做　法

伴随着中国改革开放的伟大实践，中国的知识产权制度也逐步建立和发展，实现从无到有，逐年去粗取精。1979年7月，通过并开始实施中外合资经营企业法，其中第五条规定："合营企业各方可以现金、实物、工业产权等进行投资。"1982年8月，商标法通过；1984年3月，专利法通过；1990年，著作权法通过。知识产权获得了法律方面的全面保护。

1985年，知识产权司法保护的新时代开启，人民法院受理了第一宗专利纠纷案件。自1986年起，法院开始统计知识产权案件，当年共审结85件知识产权案件，1999年审结了1 098件知识产权案件，到2008年，审结案件数量已达到22 308件，在2017年，各类知识产权审结案件数目更是达到了225 678件。

随着科技创新发展的日新月异，知识产权保护已成为塑造良好营商环境的重要举措，它是创新驱动发展的"刚需"，也是国际贸易的"标配"。近年来，我国持续加强保护知识产权，在这方面成效显著。2018年，我国在知识产权保护方面，社会满意度进一步提升，取得76.88分，再创历史新高。随着落地实施一系列创新举措，我国进一步提升了知识产权保护能力和保护水平，获得全面发展。

截至2019年，为实现知识产权的快速协同保护，全国已经建成了25个知识产权保护中心，它们成为知识产权行政"快保护"的最佳运营载体与平台。近年来，我国在知识产权的"快保护"方面，取得了明显的成绩。在行政层面，涉及知识产权的授权、确权与维权保护的衔接方面，我国新政频出，保护效果较为显著；

在审查周期方面，各类专利申请和商标注册申请都有了明显的缩短，大大提高了办事效率。商标与专利的行政管理及其行政执法，也在不断增强力度、缩短时间，实现与时俱进。近年来，我国更是不断加大在知识产权保护方面的力度，整合建设了专利、商标综合执法后的"快保护"优化机制与体制。2019年上半年，全国查处6 529件专利侵权假冒案件，查处1.15万件商标违法案件，打击力度大大增强。

在案件数量同比大幅度增加的同时，执法机关的办案时间也明显缩短。跨界办案、整合办案、协作办案越来越多，涉及多个跨部门、跨区域主体。2019年，我国知识产权司法保护方面取得了重大突破，进行了系统整合。首先，最高人民法院知识产权法庭对技术类等知识产权诉讼案件实行专门管辖与审理，近似于"知识产权上诉法院"。其次，20多个中级人民法院层次的知识产权法庭相继在全国各地建立，二者串珠成链、配套成龙，共同推动我国知识产权诉讼案件的审理速度和审理质量，使其与时俱进，不断提升。

三、启　示

2019年，我国知识产权侵权惩罚性赔偿制度建设迈出重要步伐。11月1日起施行的新商标法，明确将恶意侵犯商标专用权的赔偿数额，由修改前的三倍以下，提高到五倍以下，并将法定赔偿额上限从300万元提高到500万元，惩罚性赔偿额度达到国际较高水平。此外，《意见》对进一步加强知识产权保护的"行政手段""经济手段""技术手段""社会治理手段"等进行了明确，意在用好知识产权保护政策"工具箱"，打好"组合拳"。

| 创新驱动与经济高质量发展

点　评

　　根据《意见》，力争到 2022 年，侵权易发多发现象得到有效遏制；权利人维权"举证难、周期长、成本高、赔偿低"的局面明显改观；到 2025 年，知识产权保护社会满意度达到并保持较高水平，保护能力有效提升，保护体系更加完善。

思考题

1. 如何让知识产权量质齐升，提高转化运用？
2. 怎样为创新者提供更多便利从而使营商环境显著提升？

"一带一路"倡议与构建人类命运共同体

一、背　景

2013年9月7日,习近平访问哈萨克斯坦纳扎尔巴耶夫大学时发表演讲,提出共建"丝绸之路经济带"的倡议。同年10月3日,习近平出席印度尼西亚国会并发表演讲,提出共建"21世纪海上丝绸之路"的倡议。2013年的金秋,"一带一路"倡议由此启程,掀开了世界发展进程的新篇章。

2018年9月7日,为纪念"一带一路"倡议在哈萨克斯坦提出5周年,在哈萨克斯坦首都阿斯塔纳特举行相关商务论坛。国家主席习近平以视频形式表以祝贺。习近平表示,中国愿同哈萨克斯坦及其他有关各国一道,秉持共商共建共享理念,以开放包容姿态致力于共同发展和繁荣,把"一带一路"建设成为和平之路、繁荣之路、开放之路、创新之路、文明之路,为造福各国人民、推动构建人类命运共同体作出更大贡献。

二、做　法

在第一个五年期间,完成了共建"一带一路"倡议的整体布局，初步搭建了"三位一体"的国际合作架构，以双边合作筑底、高峰论坛引领、多边机制呼应，"一带一路"倡议迈入了国际话语体系。在这个过程中，同中国签署"一带一路"合作文件的有130多个国家和国际组织；由联合国安理会决议通过的第2344号文件，呼吁国际社会加强区域经济合作，支持"一带一路"建设；首届"一带一路"国际合作高峰论坛在中国成功举办，会议汇集了29个国家元首、政府首脑及1 500多名代表参加，涉及130多个国家、70多个国际组织，达成279项成果，动员区域覆盖五大洲。

1. 加快实施重大经贸项目

中国与"一带一路"相关国家之间，积极推动项目进展，扩大相互市场开放，进行贸易结构优化，不断推进贸易便利化，寻找新的贸易增长点。稳步推进中阿（联酋）产能合作园区、中白工业园、中埃苏伊士经贸合作区等贸易合作区的产业发展。创新贸易方式、贸易新业态及新模式，如培育电子商务等。在这五年期间，中国与沿线国家的货物贸易年均增长4%，进出口总额超过6万亿美元，整体增速超过同期的中国外贸，在中国货物贸易总额中的占比达到27.4%。中国企业对沿线国家的直接投资年均增长5.2%，超过900亿美元。在沿线国家，完成超过4 000亿美元的对外承包工程营业额，达成了超过400亿美元的对华直接投资。

2. 推进建设基础设施联通网络

聚焦主骨架，以"六廊六路多国多港"为目标，大力推进基础设施建设，建成了一批公路、铁路、港口等重大基础设施项目，稳步推进中泰铁路、匈塞铁路、中老铁路等项目，顺利建设中巴经济走廊。截至2019年3月，已有超过1.4万列中欧班列顺利开行,"去一回一"的愿景目标基本实现,通行路线涉及15个国家50个城市。

各国除了推进基础设施的"硬联通"之外,也应加强"软联通",主要涉及横向之间的政策、标准、机制和规则,相互兼容规则和标准体系,使"规则高速公路"畅通无阻。

3. 稳步推进产业和金融之间的合作

建立了双边本币互换安排,中国先后与20多个沿线国家实现资金融通,人民币清算安排涉及7个国家。建立了能力建设中心,该项目与国际货币基金组织合作。截至2018年年底,在沿线国家中,中国出口信用保险公司累计实现6 000多亿美元保额。

三、启 示

在共商、共建、共享的过程中,中国与沿线国家的经济已深度融合,民心更是相通,在科技交流、教育合作、文化旅游、绿色发展、对外援助等方面取得一系列成果。"一带一路"将重构全球的经济格局,对未来50年乃至100年的世界产生不可估量的影响,构建人类命运共同体的进程也将大步向前。

点 评

中国以中巴、中蒙俄、新亚欧大陆桥等经济走廊为引领,以陆海空通道和信息高速路为骨架,以铁路、港口、管网等重大工程为依托,一个复合型的基础设施网络正在形成。

| 创新驱动与经济高质量发展

思考题

1. 陕西如何更好地承担"一带一路"历史使命的任务?
2. 陕西如何依托"一带一路",推进一系列务实合作项目并发展自身经济?

参考文献

［1］吴军. 全球科技通史［M］. 北京：中信出版集团，2019.

［2］庄解忧. 世界上第一次工业革命的经济社会影响［J］. 厦门大学学报：哲学社会科学版，1985.

［3］人民教育出版社历史室. 世界近代现代史［M］. 郑州：河南人民教育出版社，2002.

［4］朱民. 智能制造：中国制造业和人工智能共享共赢的未来［EB/OL］. 腾讯网，2019.

［5］庞晟，陈菲扬，段文琪. 中国品牌手机出海人气高［N］. 人民日报海外版，2019.

［6］白泉. 关于单位GDP能耗指标的再认识［J］. 中国能源，2011.

［7］吴小燕. 2018年9月中国经济发展指数指标解读之GDP能耗前三季度超额完成节能减排任务［J］. 前瞻经济学人，2018.

［8］陕西过去五年单位GDP能耗降低17%［EB/OL］. 西部网-陕西新闻网，2018.

［9］杨耀青. 我市去年单位GDP能耗同比下降5.99%［N］. 西安日报，2019.

［10］匠工营国."花园城市"新加坡：城市规划与建设治理的模板：案例分享［R］. 广东省城乡规划设计研究院，2018.

[11] 每经专访新加坡"规划之父"刘太格：一切"大城市病"都可通过规划治好，中国已具备条件［N］. 每日经济新闻，2017.

[12] 岳菲菲. 陈十一：南科大不做第二个北大清华［N］. 北京青年报，2017.

[13] 深圳市财政用于人才工作的预算将达44亿元［N］. 深圳晚报，2016.

[14] 刘振天. "五唯"：痼疾如何生成，怎样破解［N］. 光明日报，2019.

[15] 嫦娥四号探月工程团队获"影响世界华人大奖"［N］. 人民日报，2019.

[16] 刘少华，雷杰如，朱格侨悉. 中国正式进入5G商用元年 对你我意味着什么？［N］. 人民日报海外版，2019.

[17] 郭竞泽. OPPO和vivo手机营销策略分析［J］. 现代国企研究，2018.

[18] 一年卖出2000亿，OPPO、vivo幕后老板段永平：让企业不败的9个法则［J］. 商业文化，2017.

[19] 冯根新. 创新让中国高铁领跑世界［EB/OL］. 人民网，2019.

[20] 陆娅楠，韩鑫. 复兴号，唱响创新强音［N］. 人民日报，2019.

[21] 孙莹莹，吴萍，颜方沁，等. 中日新能源汽车产业园区对比研究［J］. 中国标准化，2019.

[22] 午言. 科创板，打好"创新牌"［N］. 人民日报，2018.

[23] 徐飞. "双一流"建设在创新驱动发展战略中的四大使

命［J］．中国高等教育，2017．

［24］齐芳．国家创新体系中，中科院位置在哪里？"率先行动"计划给出答案［N］．光明日报，2014．

［25］陈博，杨秋敏产，陈力欣．港珠澳大桥开通一年，经济帐怎么算［N］．中国城市报，2019．

［26］蔡丽君．细数港珠澳大桥的"世界之最"［R］．中国经济报告，2018．

［27］习近平发表视频祝贺纪念"一带一路"倡议在哈萨克斯坦提出5周年商务论坛开幕［EB/OL］．新华网，2018．

全省干部专业化能力培训教材编审委员会

主　任　郭文超　省干教办副主任、省委组织部一级巡视员
成　员　马　亮　省委组织部干部教育处处长
　　　　　王　雄　西北农林科技大学继续教育学院院长
　　　　　刘晓军　省发改委二级巡视员
　　　　　孙　早　西安交通大学经济与金融学院院长、教授
　　　　　曹胜高　陕西师范大学文学院教授
　　　　　顾建光　上海交通大学国际与公共事务学院教授
　　　　　张茂泽　西北大学中国思想文化研究所教授

《创新驱动与经济高质量发展》

主　编　　柴　渭　　高　彦　　冯耕中　　邸德海
副主编　　谢　雪　　李　刚　　魏泽龙　　单英骥　　王晓芸
成　员　　刘文丽　　石　菁　　彭　颖　　马安洲　　刘洁婷
　　　　　　 鲁　娟　　杨　欢　　马佳辰　　王亚红　　王志媛
　　　　　　 张　春　　齐晓雯　　吕　妍　　梁生栩　　郭慧琴

图书在版编目（CIP）数据

创新驱动与经济高质量发展／中共陕西省委组织部组织编写. --西安：西北大学出版社，2021.1
ISBN 978 - 7 - 5604 - 4640 - 0

Ⅰ. ①创… Ⅱ. ①中… Ⅲ. ①中国经济—经济发展—研究 Ⅳ. ①F124

中国版本图书馆 CIP 数据核字（2020）第 232261 号

责任编辑　张运琪　褚骊英
装帧设计　泽　海

创新驱动与经济高质量发展
CHUANGXIN QUDONG YU JINGJI GAOZHILIANG FAZHAN

中共陕西省委组织部组织编写

主　　编　柴　渭　高　彦　冯耕中　邱德海

出版发行	西北大学出版社			
地　　址	西安市太白北路 229 号	邮　　编	710069	
网　　址	http：//nwupress.nwu.edu.cn	E - mail	xdpress@ nwu.edu.cn	
电　　话	029-88303059			
经　　销	全国新华书店			
印　　装	陕西龙山海天艺术印务有限公司			
开　　本	710 毫米×1020 毫米　1/16			
印　　张	12			
字　　数	140 千字			
版　　次	2021 年 1 月第 1 版　2021 年 3 月第 2 次印刷			
书　　号	ISBN 978 - 7 - 5604 - 4640 - 0			
定　　价	37.00 元			

如有印装质量问题，请与本社联系调换，电话 029 - 88302966。